开家
中式咖啡馆

FOLLOW MY WAY
A CAFÉ IN CHINA

刘厚军————

著

中国轻工业出版社

图书在版编目（CIP）数据

开家中式咖啡馆 / 刘厚军著. —北京：中国轻工
业出版社，2023.10

ISBN 978-7-5184-4238-6

Ⅰ.①开… Ⅱ.①刘… Ⅲ.①咖啡馆—商业经营
Ⅳ.①F719.3

中国国家版本馆CIP数据核字（2023）第125119号

责任编辑：张　靓　　责任终审：李建华　　　封面设计：奇文云海
文字编辑：王宝瑶　　责任校对：晋　洁　　　责任监印：张　可
策划编辑：王宝瑶　　版式设计：锋尚设计

出版发行：中国轻工业出版社（北京东长安街6号，邮编：100740）
印　　刷：艺堂印刷（天津）有限公司
经　　销：各地新华书店
版　　次：2023年10月第1版第1次印刷
开　　本：710×1000　1/16　印张：13
字　　数：220千字
书　　号：ISBN 978-7-5184-4238-6　定价：78.00元
邮购电话：010-65241695
发行电话：010-85119835　传真：85113293
网　　址：http://www.chlip.com.cn
Email：club@chlip.com.cn
如发现图书残缺请与我社邮购联系调换
220858K9X101ZBW

前 言

　　我开咖啡馆已经多年了，出于对咖啡的热爱以及对咖啡制作的深入研究，我对咖啡馆的经营也有了一定的了解和心得，做出了110种以上的咖啡饮品、完成了部分咖啡品类的开发。

　　经常有客人问我，为什么要做咖啡创新？为什么要研究那么多新的品种？为什么要做一家中式咖啡馆？尤其，外国客人也经常很好奇，说他们喝咖啡有那么久的历史，却一直坚持于经典的口味和制作工艺，为什么咖啡一到中国就有了那么多的创新？我经常笑着跟他们说，中国人对美食的追求是没有边界的。中国人会不断研发好吃的、好喝的食物，来满足中国食客挑剔的味蕾需求。比方说，番茄是中国引进的食物，但是能够把番茄烧得最好吃的，还是中国人：一份番茄炒蛋是全球中国人的乡愁，说它是中国人心中的国菜应该也不过分。这足以说明中国人对外来食物的引进与创新达到了极致。

　　在中国开咖啡馆，想满足中国人味蕾的需求，应该是最简单的驱动力，也是最直接的目标。所以，开发适合中国人喝的咖啡，让舶来的咖啡有更多的本土化改造或者改良，应该是有现实意义的。

　　在中国开好一家中式咖啡馆容易，如果将来的某一天中国品牌的咖啡馆需要开到国外去，要靠什么咖啡品种、品类去拓展市场呢？我想除了做好经典的西式咖啡以外，推出适合世界人民也具有鲜明中国特色的咖啡，应该是一条非常有价值的市场策略。

本书试图从一家独立中式咖啡馆的产品开发逻辑、经营管理基础和对未来中式咖啡馆的数字化经营三个层面来分析、解释、探索中式咖啡馆的经营理念和发展方向，能够帮助更多的中国咖啡馆的经营者做好中式咖啡；对于走向海外市场开一家属于中国人的中式咖啡馆，应该也有所助益。

希望本书能对中式咖啡馆的未来发展战略和中国咖啡市场的发展有所帮助。

感谢陈洁瑾女士参与了本书的撰写，以及刘逸、孙正杰、刘颜、邱之盈、王俊文、顾晓雯、姚尧等各领域专业人士的鼎力支持！同时感谢家人和各界朋友的支持与配合。

刘厚军

写在出版前

目 录

第一章

**融于生活的
中国咖啡**

咖啡在中国   2

咖啡是全世界的饮料   2

中国咖啡的发展历程   3

咖啡在上海   4

浓缩时代特征的咖啡   5

云集各国强手的市场   6

探索中式咖啡的研发   7

咖啡在"缶乐"   8

咖啡"老腔"的小馆   8

"噱头"十足的产品   9

中式咖啡的思考   12

第二章

**解密中式咖啡馆的
产品战略**

菜单里的中国元素   15

菜单设计的底层逻辑   15

中式咖啡的起名思路   15

菜单上榜的平衡技巧   17

菜单的缓更新、巧迭代   18

客人点单时的纠结　21

做客人喜欢喝的咖啡　21

常见的点单三大场景　21

成为点单高手的门道　23

招牌产品要有含金量　24

"怪"要求逼出新创意　25

帮客人省钱　25

一杯成名的"冰澳·白"　26

"冰澳·白"的诞生地　26

"冰澳·白"的研发　28

不同一般的缶乐冰咖啡　33

爆款的"酸奶咖啡"　35

顺应潮流开发真爆款　35

追"第一"也争"唯一"　36

寻觅爆款的过程　38

爆款变经典，品种转品类　40

打破传统就是缶乐传统　42

经济学的"弄堂奶咖"　43

需求和供给"作"平衡　43

对定义的创新　46

一杯经济学的咖啡　48

灵魂是平台型咖啡　50

品控极致的100杯"卡布"　52

咖啡是记忆中的味道　52

思路决定出路，创新源于理解　53

100杯卡布奇诺的承诺 56

超前设计："预备役"的产品 58

朴素的"朝"系咖啡 60

为中国人寻找日常的咖啡 60

源于研发内动力,掌握创新主动性 61

朴素的价值观 63

储备的"阿拉小灶" 64

喝咖啡的"密码" 64

咖啡产品的试验田 66

咖啡店故事的花絮 71

限定供应的那些咖啡 73

限定供应的部分"小灶" 73

限供的秘密 75

限定供应不是饥饿营销 77

中西合璧的"笛凡茶" 79

关于中国人的茶 79

既传承也敢于打破传统 80

锲而不舍的工艺创新之路 81

中式咖啡馆概念的轮廓 85

亲民的价格召唤茶馆回归 86

化蝶的中式"炖"咖啡 89

缶乐的中式咖啡 89

初试本土口味咖啡 89

裂变源于积淀 90

"炖"出平台型中式咖啡 92

平台咖啡概念再现　　　　　　93

中式咖啡定义的标准　　　　　96

第三章

筹备一家
独立咖啡馆

开家咖啡馆的基础工作　　　　　　**100**

咖啡豆和辅料的选择　　　　　　100

咖啡馆要自己烘豆吗?　　　　　103

开家咖啡馆的前期投入　　　　　　**105**

咖啡馆硬件装备的选择　　　　　105

咖啡馆的软件系统储备　　　　　107

运营的成本和费用控制　　　　　　**109**

牛奶支出是"可控"成本　　　　　109

咖啡馆和咖啡师　　　　　　**112**

咖啡馆的人力资源配置　　　　　112

人的性格比经验更重要　　　　　113

咖啡师的培训　　　　　　**116**

高标准的咖啡师培训目标　　　　　116

良好的开端是成功的一半　　　　　117

经得起时间磨炼的咖啡师　　　　　123

咖啡制作和设备布置的动线组合　　　　　**125**

解剖单动线:"麻雀"设计　　　　　125

动线改造,适应制作流程　　　　　127

升级双动线:"麻雀"组合　　　　　128

应对营业高峰,动静结合　　　　　129

广义营销和狭义营销   **132**

营销不是推销，以时间换发展   132

企业定位和产品战略是营销的基础   133

产能和营销匹配的基础逻辑   134

关于缶乐营销策略的一些问答   135

中式咖啡馆的创新动能   **140**

创新咖啡在中国   140

从创新咖啡到咖啡创新的进阶   142

世界呼唤中国咖啡新势力   **147**

"中国咖啡"的未来发展   147

中国咖啡的时代理解   148

中国咖啡馆的时代角色   149

中国咖啡人的时代机遇   150

第四章

探秘中式咖啡馆的数字化解决方案

咖啡制作的数字化变革   **153**

咖啡制作技术的演变   153

当代咖啡制作技术   154

咖啡制作技术的发展前景   155

关于咖啡制作基础常识的数学思考   157

数字化是未来咖啡馆的科技基础   162

未来中式智能咖啡馆的理论构架   **164**

中式智能咖啡馆（Smart Coffee Shop）的

概念   164

面向未来的数字化中式咖啡馆　　　　　167

中式智能咖啡馆的技术核心
——爱思赛思系统　　　　　170

爱思赛思系统的总体介绍　　　　　170

爱思赛思系统的组成　　　　　171

爱思赛思系统运行的物联网特点　　　　　173

爱思赛思系统运行的智能动态特点　　　　　175

爱思赛思系统的参数差值特点　　　　　178

让数学成为咖啡的语言　　　　　181

爱思赛思系统的数学论证　　　　　181

微积分解决品控极值与优化问题　　　　　182

咖啡数据矩阵及其运算　　　　　184

用概率论发现咖啡数据的隐藏规律　　　　　186

高等数学与咖啡制作技术稳定性的关系　　　　　188

"控制方差、善用偏误"的咖啡制作技术　　　　　189

后记　　　　　193

第一章

融于生活的
中国咖啡

咖啡在中国

咖啡是全世界的饮料

人类饮用咖啡的历史已经有一千多年了。

13世纪时，源种咖啡走出非洲的埃塞俄比亚来到阿拉伯半岛。

在大航海时代，欧洲商人又把咖啡带到欧洲，之后咖啡种苗被引入南亚和东南亚，最后渡过浩渺的大西洋，在南美洲得到了最广泛的种植和普及，才满足了世界范围内众多咖啡爱好者近乎狂热的需求。

一粒粒小小的咖啡豆，就这样成了全球化的见证，并与茶、可可一起，被称为世界三大饮料。

从自然条件上来说，我国的云南、海南、广西和广东的部分地区与南美以及南亚、东南亚等地的地理、气候条件很接近，有着咖啡种植的先天条件。

咖啡传入我国的历史并不长，1853年咖啡传到上海；1902年法国传教士将咖啡从越南带到云南的宾川县。

中国人喝茶已经有几千年的历史。作为茶的原产地，因为人们在消费习惯和观念上的差异，咖啡在传入中国后相当长的一段时间内，咖啡种植和消费并没有普及，发展缓慢。

目前，在我国的云南、海南的部分地区有了面积可观的咖啡种植基地，一些世界著名的咖啡公司的全球化营销策略，如"雀巢""星巴克"等，不仅把咖啡产品销售到中国，还从中国的咖啡种植基地采购咖啡豆，既带动中国咖啡消费融入世界的节奏，也加速了中国本土咖啡种植业的发展。

中国咖啡的发展历程

涓滴

关于国内的咖啡品饮历史，最早出现的时间和地点众说纷纭，但在晚清时期的东部沿海城市，上海，有竹枝词《考非》，"考非何物共呼名，市上相传豆制成。色类砂糖甜带苦，西人每食代茶烹"。

在20世纪20—30年代的上海及昆明，已经出现了一些咖啡馆。后因众所周知的原因，咖啡消费慢慢淡出了中国市场。

涟漪

1980年之前，咖啡之于绝大多数中国人而言，依然是一个陌生的词汇和一种陌生的东西。

1980年之后，"雀巢""麦斯威尔"等速溶咖啡品牌登陆中国，"味道好极了""滴滴香浓、意犹未尽"的咖啡，才慢慢培养了新一代的咖啡爱好者。

1990年前后，随着中国融入世界经济节奏的加快，各类涉外酒店、西餐厅将咖啡作为国际化产品推出，"麦当劳""星巴克"等一些国际连锁品牌在国内的布局促进了国内咖啡的消费和咖啡馆行业的回温。

浪潮

伴随被称为"第三次咖啡浪潮"的世界咖啡发展节奏，国内出现了一批真正热爱咖啡的"咖啡倡导者"，他们坚持传播地道的咖啡文化及其专属的技术，所以对于真正喜欢咖啡的人群更有吸引力。

2010年后，受世界"全球化战略"的影响，各类咖啡馆在中国的各个城市迅速发展。咖啡已经成为很多城市人生活中的必备物资，而不再是可有可无的饮品。

尤其是在北京、上海、广州和深圳这样的超大城市，咖啡馆的发展速度超乎想象。截至2022年9月底，上海是全球"星巴克"城市店铺数最多的城市（超过1000家）。而上海更因拥有8000家以上的咖啡馆成为全球咖啡馆数量最多的城市。

咖啡在上海

上海作为近代中国开埠的第一批城市，是咖啡融入中国的首站。

根据《上海通志》的记载，1853年，英国人劳惠霖创设"老德记"药店，当时就有咖啡在这家外商药房出售。

1886年，沪上第一家独立咖啡馆"虹口咖啡馆"亮相，咖啡用一种带着苦调的特殊口感，给上海人带来中西方文化和生活方式的碰撞。

到20世纪初期，上海独立营业的咖啡馆数量还很少。据1918年的《上海指南》记载，"上海有西餐馆35家，而咖啡馆只登陆了一家"。

1920—1930年是上海迅速崛起的黄金时代，经济迅速发展，各国侨民和国内各个阶层的人们大规模地涌向上海，咖啡馆在上海经济发展和人口激增的大环境下，进入了启蒙发展时期。

据不完全统计，到1930年代，仅上海霞飞路（今淮海路）两侧就有咖啡馆、酒吧125家。咖啡馆为霞飞路增添了异域的风情，使它成了一条极具法兰西风情的充满着浪漫情调和时代气息的街道。

另外，俄侨在上海其他路段也开设了众多的咖啡馆，如四川中路上的绿色咖啡馆，中央商场附近的三道司咖啡馆，愚园路上的万国咖啡馆，静安寺路上的小小咖啡馆等。

咖啡馆作为西方舶来品，起初主要是为适应外侨休闲和聚会而设立的，无论在建筑装饰风格，还是在咖啡品饮方式上都体现了异域特色，后来逐渐成为上海市民接受的场所，成为人们了解西方生活方式的一个窗口，也逐渐成为上海市民休闲娱乐、聚会交流的一种生活方式，喝咖啡更是商贸洽谈、商品交易的理想选择。

总之，近代上海咖啡馆的历史，折射出近代上海地域文化特征和世俗人情。

浓缩时代特征的咖啡

诞生在1935年的"上海牌咖啡"，在20世纪60—80年代依然是中国名牌，用它做的咖啡一般是"清咖"和"奶咖"，在那个物资匮乏的年代，可算是当时上海人"别苗头"的"潮品"。之后，作为最早一批进入中国的国际品牌，雀巢咖啡的"味道好极了"，成为了那个年代的记忆。

1994年，全球快餐连锁巨头麦当劳在上海淮海路上开张，首次带来"鲜煮咖啡（美式咖啡）"这个"全球标配"产品，并推向大众市场。

2000年，星巴克的上海第一家店也开在淮海路。到2022年，星巴克在上海的门店数量已超过1000家，上海成了全球星巴克门店数量最多的城市。

上海人记忆中的关于咖啡馆的印记，虽然有一部分已经淡化了，但是市场在不知不觉中培养了大批的中国新生代咖啡爱好者。

上海是中国超大商业化城市。咖啡走入寻常百姓的生活，是咖啡在上海发展的广泛普及阶段，也是咖啡进入中国市场的缩影，以速溶咖啡和国际连锁咖啡品牌的进入为特征，上海基本赶上了国际咖啡行业发展的节奏，拥有了中国咖啡文化的标杆城市地位。

云集各国强手的市场

进入21世纪，上海的各类咖啡店越来越多了。

国际品牌连锁咖啡馆相继进入中国，美国、英国、加拿大、意大利、日本等咖啡消费大国的精品咖啡馆也纷纷入驻中国。难怪有人说，在上海，从一杯杯咖啡中能看到整个世界。

众多本土品牌的新生与更多外资品牌的入局，让上海咖啡馆数量走向全球第一。上海市食品行业协会咖啡专业委员会与上观新闻联合大众点评网发布的《上海2021年精品咖啡消费观察》中提到，截止2021年底，上海登记在案的咖啡馆在7200家以上。

咖啡馆数量激增，充分的竞争也带来了咖啡质量的需求，不仅稳定质量的出品被视为基本，持续创新以满足市场日益多样的口味需求也被视为立足之本。而具有上海特色的创新，在"洋品牌"的咖啡馆里一般是不容易做到的，但是借大国崛起的强劲"国潮风"，已领先弥散在上海本土咖啡的香气里。一些主打本土咖啡、创意咖啡、特色咖啡的小店，也如雨后春笋般冒出。

探索中式咖啡的研发

咖啡馆已经成为海派文化的重要载体，市民生活的缩影以及上海城市精神文化的符号，逐渐成为上海的城市新名片。

新时代的咖啡馆必须找到自身特色与定位，才有机会在这个市场里立足。上海本土咖啡馆的创业者们被视为中国咖啡浪潮的推动者，投身这个竞争激烈的咖啡市场，以创新发展作为驱动力，做大做强上海咖啡产业，成为中国咖啡版图中的上海力量，并争取在世界市场中，助力中国咖啡。

中国咖啡馆的经营管理，一方面承袭了很多西方传统同行的理念，另一方面为了满足中国人对食品多样性的极致追求。众多的上海咖啡馆的创业者也在竭尽全力地探索本土化经营管理特色和实践成果，努力打造上海城市的一道独特风景。

"开家咖啡馆终老"可能是很多人的心愿。

咖啡馆，可以是梦开始的地方。

咖啡在"缶乐"

> "缶乐（Follow）咖啡"是上海8000多家咖啡馆中的一家独立咖啡馆。

咖啡"老腔"的小馆

我是地道的上海人，喝咖啡已经有40多年了。我的父亲曾经是国际海员，我从小就接触到了父亲远航带回来的咖啡，所以咖啡的香醇伴我走过了几十年的岁月。

1992年从南开大学毕业后，我回到上海进入外贸公司工作。在2012年，我彻底放弃自己的外贸生意，改行做实业，我渴望亲手实现"中国创造"，进军高端的燃气轮机辅机制造业，并成功突破国外技术封锁实现国产化。

与咖啡结缘虽早，但我开咖啡馆却源于生活中的一句玩笑话。2017年春天，女儿带我去一家在美国的知名法式咖啡馆，喝完咖啡后，我说："这样的咖啡我也能做。"

我希望，50岁以后，不要为生计而要为自己而活，做自己感兴趣的事。我想到了跟女儿说的那句话，我对咖啡有热爱，也有些许研究，好好学习一下，或许真的可以开家咖啡馆。而且我认为，世界的咖啡市场应该有中国人的声音。

谁也没料到，有一天这个心愿成为了现实，且在年近半百时，我于人民广场附近开设了一家独立咖啡馆。

我当初的愿望仅仅是可以做自己喜欢的事，收支平衡，让一些人尝到我喜欢的咖啡，让我的朋友们，可以有个"据点"聚会、聊天。没有餐饮业的任何经验、没有大资本支持、没有品牌、没有做过咖啡……只是喝过、只是会喝。

一切从零开始。

一开始，我选择了一个不起眼的商场地下一层，只有10平方米的铺位，给客人留了3只凳子。小店门面很不起眼，自己设计的装修也很简洁，但店里的设备和原材料却不马虎，德国的磨豆机、意大利的咖啡机、美国净化水系统、国内国外知名的主辅原料……

当时，这个小咖啡馆连招牌都没有，只在一块布帘上写着"嘿咖啡"，意思也很简单：上海话"喝咖啡"的谐音。

一切准备妥当！

2017年11月22日早晨，站在咖啡店的操作台后，我倒突然有些紧张和迟疑了，之前一直在紧锣密鼓地准备，直到这一刻我的思绪一片空白。我问自己：我就这样了吗？真的可以吗？像样吗？我想到了自己的年纪，想到了自己曾经的事业，想到了此刻的新身份……

最后，我坚定地跟自己说：可以！

人生不该设限，没有什么不可以。

我笑着打开了门，给自己定了一个目标：集世界的优质资源，做中国人口味的咖啡！

"噱头"十足的产品

我意识到，开店这事既然做了就要做好，不能仅仅凭兴趣了，既然进入了市场，市场决定一切。

让我有些意外的是，当时的"嘿咖啡"开业一个多月，就荣登了"大众点评榜"上海黄浦区咖啡馆排行榜第一名，三个月后又攀升到了上海市咖啡馆服务排行榜第一名、评价排行榜第一名、口味排行榜第一名。

于是，小小的咖啡馆前排起了长队。

我不断更新咖啡馆的菜单，一个个新的咖啡单品相继出炉：上海清咖、上海奶咖、弄堂奶咖……有别于一般咖啡店的传统产品，我要做满足中国人口味的咖啡。

2018年4月1日，"冰澳·白"推出；

2018年6月27日，酸奶咖啡推出；

2018年7月，盐汽水咖啡推出；

2019年8月，"朝"系咖啡推出；

2019年12月，"笛凡"萃茶系列推出；

……

店里的"阿拉小灶"有太多的创意咖啡了！

2019年11月底，经历了两年的发展，小店从商场地下一楼的"螺蛳壳"小铺，转到了一楼更大面积的敞亮大气的新店；从我一人单打独斗到同一个优秀

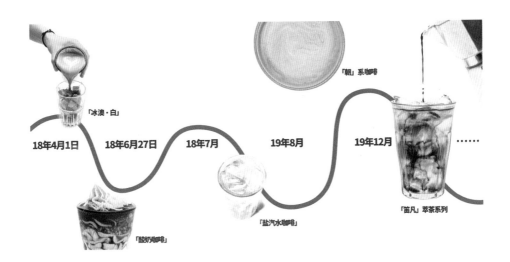

「朝」系咖啡

「冰澳·白」

18年4月1日　　18年6月27日　　18年7月　　　19年8月　　　19年12月　　……

「酸奶咖啡」

「盐汽水咖啡」

「笛凡」萃茶系列

帅气的年轻咖啡师的联手；咖啡店也确立了自己的商标和正式的中文名称：缶乐（Follow）咖啡。

志不强者智不达，而心怀大志者，自然全心投入。

渐渐的，缶乐找到了自己的品牌价值观——"遇见、特别、乐活"。

中式咖啡的思考

市场上有那么多咖啡店，缶乐的定位在哪里？这是我作为缶乐创始人经常自问的灵魂问题。

最初，我只想跟一部分志同道合的人分享咖啡，如今越来越多人给予缶乐的关注，让我有了追求更多的可能。

缶乐是一家以意式咖啡为主，兼有上海本帮特色，能做出符合中国人口味咖啡的咖啡馆。上海特色，是中国的，也是世界的。

缶乐有个名为"上海咖啡"的系列，包括弄堂奶咖、上海清咖、黑糖清咖、上海奶咖、红豆沙拿铁等。然而，我一直在想，什么是"中国咖啡"？从起初的还原、升级上海口味的本土咖啡着手，能不能慢慢地探索出适合中国人饮食习惯的咖啡饮品？

缶乐的使命，是集世界优质资源，做中国人口味的咖啡，用中国人喜欢的咖啡和世界做交流。

于是，2021年7月，中式咖啡系列推出。

中式咖啡系列引入中式传统烹饪方法"炖"的工艺来萃取咖啡，从骨子里透出中华美食的意境，成为占据菜单"C位"的当家产品。

对于"中式咖啡"，缶乐总结了几个维度的定义：是中国人发明的、使用中国的烹饪技术、符合中国人的饮食习惯、能大规模普及制作方法。这些定义可能也映射出"中式咖啡"的标准。

经过四年多的实践和思考，如今的缶乐对于"中国咖啡馆"的蓝图有了更多、更详尽的计划，并一步步向目标迈进。缶乐认为，未来中国咖啡馆，必须要有自己的理论体系，方能支撑中国咖啡事业的稳步发展；同时，要对"中式智能咖啡馆（Smart Coffee Shop）"的概念和系统进行探索与构建，才是可以令中国咖啡立足于世界咖啡市场的重要实践。

对缶乐的创始人而言，开咖啡店已经不是最初的那份情怀，而是实实在在的奋斗。

第二章

解密中式咖啡馆的
产品战略

菜单里的中国元素

菜单设计的底层逻辑

菜单是对一家咖啡馆的产品体系的归纳和梳理，说明咖啡馆有几类产品，其中有什么品种。菜单中的所有品种组合成一家店的产品体系，列在菜单上的任何产品都应该是最能代表这家咖啡馆水准的产品。每一款上菜单的产品，都应是经过店家深思熟虑的。

菜单无疑是一家店的招牌，它是客人和店家初次交流的媒介，让客人知道这家咖啡店是什么类型的店、能做什么样的咖啡、自身特色在哪里。

中式咖啡的起名思路

产品名字首选简单直白的，能用经典的名字就直接选用，比如意式浓缩、拿铁等，便于客人选择。

产品名字也可以寄托美好的愿望，讨个口彩，比方说"嘿百利"，客人一看就能猜到是百利甜酒和意式浓缩（Bailey's Espresso），等喝了以后就知道为什么是这个名字。

产品名字还可以适当文艺浪漫，比如"夏雪""云荷""初梅"等，一般会用在比较特别的产品上。

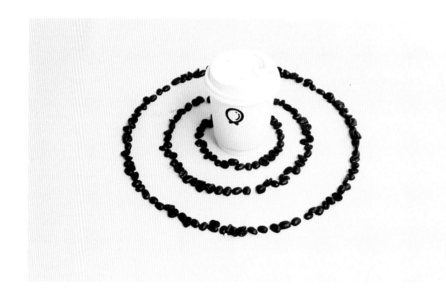

这种理解完全反映在缶乐的菜单里。

比方说缶乐的"弄堂奶咖（Lane Latte）"。弄堂是上海独有的一种街道命名，其他中国城市一般会用巷、街、胡同等称谓，用它来命名一款介于拿铁和澳·白之间的咖啡是非常有趣的，因为这款咖啡并没有改变牛奶咖啡的配方，只是运用适当的工艺、调整了原料相对的比例，以满足一定的需求。上海是中国的上海，也是世界的上海，咖啡的口味可以是有上海特色的，但是这样的口味更应该是属于世界的。

又比方说，缶乐新研发出的"芙蓉"和"无极"咖啡，就是中式的"炖咖啡"，中式咖啡系列的产品实现了缶乐要开创中国咖啡口味的梦想。

前面提到的这些菜单上的名字，既引起了客人的好奇心，又吸引他们大胆尝试，而优良的咖啡品质会使他们乐于复购这些本土化的咖啡品类，由此拉近了店家和客人的距离。尤其那些老上海人、海外回来的华人，更愿意喝一喝上海口感的"上海清咖""上海奶咖"等，感受一下上海的海派咖啡文化。尽管这些未必完全是传统的味道，大多是经过改良创新的产品，但它终究还是对传统品种的继承和发扬。

总之，产品的名字对一个产品来说很重要，文艺范、接地气、谐音化……的风格都可以，目的是让客人觉得好玩、好记和好喝。但是，如果把名字起得天花乱坠，云里雾里，客人都猜不出是什么，只得一个个地询问，那就既耽误点单，又不容易让客人记住，慎之。

菜单上榜的平衡技巧

品种丰富的菜单确实可以让一家咖啡馆显得更有吸引力。

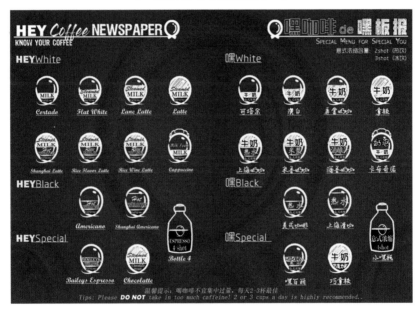

经典的黑咖啡：意式浓缩和美式咖啡……

经典的牛奶咖啡：拿铁、卡布奇诺、澳·白、短笛……

上海口感的咖啡：上海清咖、弄堂奶咖、上海奶咖……

独特的创新品种：酸奶咖啡、嘿百利……

当季限定：以中国茶为基底的系列……

特殊品种："朝"系咖啡……

"朝"系咖啡中的"今朝"咖啡不仅是"今天的咖啡"的含义，它的英文名字可能更好，就是"Daily Coffee"。这是一款日常的咖啡系列，是一系列适合远距离、长时间外带保存而不影响口味和口感的咖啡。

口味要求比较简单的客人，基本都能在缶乐的菜单里面找到喜欢的咖啡，满足需求。

如果店家为了追求产品的多样性，以实现更多销售的话，就要无限制地增加品种，理论上来说会无限制地增加原辅料的准备和供应，那么经营成本就会增加，所以咖啡馆经营者在设计菜单的时候要考虑经营的要素配置。

对一个店的总体的经营思路应该说是希望成本越来越低，产出越来越高，所以相应要对个别品种入列菜单加以限制、做出取舍。菜单设计得好，就能增加适销对路产品的销售，也会降低不必要的成本支出。

缶乐会用一些中国特有的产品和原材料制作咖啡，像芝麻口味的咖啡，但一般不会上菜单，只是结合原料的准备而不定期出品。像芋泥咖啡"芋见泥"，尽管很好"吃"，但是吃过的客人却很少，为什么？因为缶乐每年最多只做一次。原因是芋泥的成本很高，保存和制作难度很大，会面临比较多的损耗。这里不仅仅是成本问题，好东西浪费了更可惜。

菜单的缓更新、巧迭代

一家新店刚起步的时候，菜单一般很简单，不会有太多自己的特色产品，大多以对传统产品的复制为主。

比如缶乐起步的时候，可以提供的咖啡品种不到10个，基本只有一些经典的意式咖啡。但是，在这份简单的菜单中，依然有强化本土特色的上海清咖、上海奶咖。基于对传统上海咖啡的了解，缶乐清晰地做出了这两个产品和经典咖啡的差异化口感定位，赢得初期客人的一致好评。

第二次调整菜单是在开店半年后，添加了"冰澳·白"、酸奶咖啡等创新品种。马上获得了市场的认可，从而确立了缶乐的产品调性。

开店四年半时，缶乐有过"3+1"份的菜单，"+1"加在哪里？加在第二次调整菜单和第三次调整菜单之间，出过一份"午间菜单"：

午间菜单 Noon Menu				
（工作日 11:45-13:45 Workday Only）				
黑Black	热／冰		黑White	热／冰
美式咖啡 Americano	16 / 22		澳白 Flat White	18 / 33
黑Shanghai			拿铁 Coffee Latte	25 / 30
上海沽咖 Shanghai Americano	16 / 22		卡布奇诺 Cappuccino	25 / 33
上海奶咖 Shanghai Latte	18 / 24			
弄堂奶咖 Lane Latte	18 / 24		黑Special	
米香奶咖 Rice Flavor Latte	22 / 28		嘿白利 Baileys Espresso	30 / 30
洒香奶咖 Rice Wine Latte	22 / 28		白富美 Americano Meets Brandy	25

当时，酸奶咖啡刚问世，很多客人很喜欢也很兴奋地来尝新。于是到了午餐时间，除了传统的咖啡外，还要出品大量的酸奶咖啡，令店里应接不暇。当时店面很小，且只有一位店员，客人尝新的热情很高涨，排队人很多，现场制作酸奶咖啡的耗时较长，大概要3~5分钟一杯，为了保证出品速度，只能把酸奶咖啡和其他一些制作难度要求高、复杂、耗时长的品种全部下架，只做高效率的、传统的、上海特色的咖啡，日常菜单在中午时段被迫调整为"午间菜单"。

在缶乐新店升级以后，很严谨地重新设计了菜单，不仅考虑各种品种的口味布局，也把价格体系也做了一次全面的梳理，把一些隐藏菜单，如"阿拉小灶"（后文详述）里的产品挑选出一部分充实常规菜单，以满足更多客人的需求。

菜单中的品种要有取舍、要不断更新。

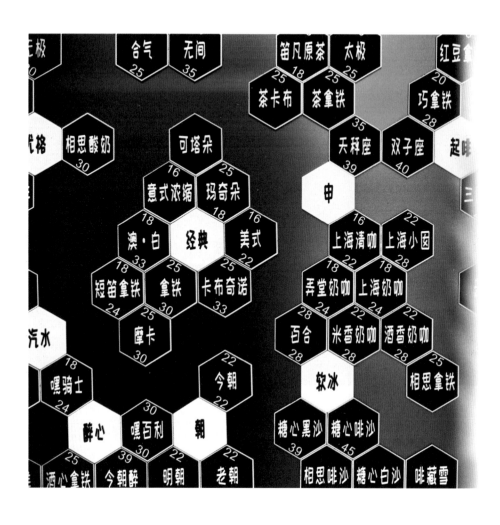

客人点单时的纠结

做客人喜欢喝的咖啡

缶乐的咖啡品种很多，客人来到店里选择自己喜欢的咖啡品种或口味，其实是一项技术活，对客人有一定的"专业"要求，需要客人了解自己对咖啡的喜好。所以当客人提出需要推荐一杯咖啡的时候，缶乐店员会询问："您平时一般喝什么咖啡？"

因为店家刚开始不了解这些客人的喜好，所以很难找到精确的答案，况且店里的产品就像自己的孩子一样，各有千秋，很难取舍。

缶乐要做到的是把客人点的咖啡做好！

常见的点单三大场景

第一种，客人不能说清楚自己喜欢什么口味。

缶乐店员会建议从公开的菜单里面，挑选一个客人喜欢的名字，店员会简单介绍这杯咖啡的特点。此外，店员也可以帮客人梳理一下自己的需求，用思维导图的推演模式总能从缶乐特有的咖啡产品树上快速找到客人喜欢喝的咖啡。

比如，客人要牛奶不太多，喜欢奶泡，那就是卡布奇诺；客人要求有点甜味的，那么米香奶咖就有一点点微甜，另外摩卡也是甜的。

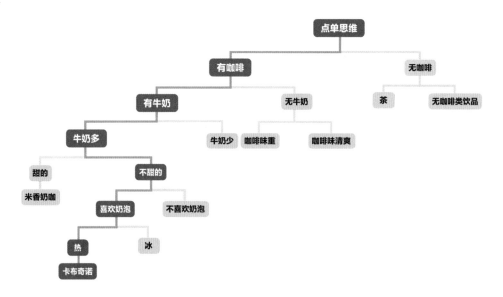

第二种，客人按照自己平时喜欢喝的咖啡，做首次点单的选择。

想了解一家咖啡店的咖啡好不好喝，建议先挑一款自己平时最常喝的咖啡品种，做一个对比测试。这样比较容易发现和平时喝的咖啡有什么区别，是略逊还是略胜一筹。如果只挑一些比较新奇的或者说从来没有喝过的品种，就很难有比较，还有可能遇到不喜欢的口味。

比如，一直喝美式的客人，到一家新店去喝拿铁，觉得奶太多了，不好喝，能说明的只是拿铁不适合他，而不一定说明这款拿铁不好喝。

如果想在公开的菜单的基础上，有一些特别的要求，也可以跟缶乐的店员大胆提出，咖啡师在可能的情况下可以适当地做出相应的调整。比方说，缶乐可以出品的澳·白有超低温版、丝滑版、温和版，也可以做浓烈版，甚至还有墨尔本口感的版本——完全可以按照客人的要求做适当的工艺上的调整，让澳·白产生不同口感特点。

如果需要，缶乐菜单上的每款品种的成分构成和特点，都可以非常明白地告诉客人。

常来的老顾客一般会选择几款自己中意的咖啡，自己就可以完成点单的工作。如果，缶乐研发出一些新品，或者说有一些比较独特做法的产品，也会优先向他们做推荐。

第三种，客人非常清楚自己的口味喜好，可以直接描述自己想要喝什么口味或品种的咖啡。

每个人的口味不一样，对咖啡浓烈与否的耐受度不一样，每位顾客应该都有自己喜欢的口味偏好。由于大部分咖啡店提供的咖啡口味比较有限，有些人可能一直都没有喝到过自己最喜欢的那一杯咖啡，只能迫于无奈而选择比较传统的咖啡口味。

曾有个客人要一杯"奶香味足的、甜的，咖啡又要浓的"，冷的或者热的都没有问题。缶乐精准地找到了这一杯"明朝咖啡"。客人品尝后，觉得非常好。为什么？"明朝咖啡"的牛奶是含有奶油的，其中的甜味是米浆带来的，寓意着"明天会更好"，这杯咖啡就是完全满足这位顾客要求的咖啡。

另有一个客人说要一杯"咖啡味浓烈的，咖啡又要少的，咖啡因含量也要少的，奶又不能多的，还要冷的，最好要冰的"。能同时满足这些要求的咖啡，在常规的咖啡店里恐怕是没有的，但是缶乐恰恰是有的，就是冰的浓缩玛奇朵。

无论客人要求再刁钻，只要提得出，缶乐都乐意帮他找到最喜欢的那杯咖啡。并且缶乐自信能够非常精准地在110种以上的咖啡里面找到一款属于你的咖啡。

如果有客人第一次来就要点"阿拉小灶"，是无法点单的。因为"阿拉小灶"（它是一个子菜单的名字，是秘密菜单的合集）里面品种太多。咖啡师不知道客人喜欢什么，如果帮他点了一杯不符合他口味的咖啡，他怎会开心呢？

成为点单高手的门道

在缶乐，那些经典咖啡品种基本上是按照国际公认标准来生产的；而对一些特别的咖啡，缶乐会把产品特点明明白白地告诉顾客。

比方说"上海奶咖",是在美式的基础上做的拿铁,口感相对于经典拿铁更清爽一点,是因为用一部分水替代了牛奶,口感上奶香味就不那么浓郁了。

比方说"酸奶咖啡",缶乐店员一定会有一句台词:"(它是)酸奶加上意式浓缩,然后会送一点酒酿,是挖着吃的,不提供打包。"这就把产品讲清楚了。

客人要点"短笛",缶乐店员一定会告诉他:"它是'一半的拿铁',属于店里最淡的一款咖啡。"如果需要再进一步解释的话,就是"在你不太喝咖啡,或者不想再多喝咖啡的情况下,你可以尝试选择这一杯"。

把产品信息都告诉客人,既便于客人选择,也便于客人记住自己的口味偏好。

招牌产品要有含金量

有些客人会问:"你们店有什么招牌?我就是来喝招牌的。"

缶乐自认为店里没有一款是特别的招牌产品,因为一杯咖啡不会适合所有的人,所以没有某个产品能够担当得起这个盛名。

关于一家咖啡店的招牌产品,缶乐有自己的理解:在保证原材料和工艺都是稳定的前提条件下,每一款产品都有自己的特点、满足一种需求,所以每一种产品都应该是缶乐的招牌产品。

如果一定要说缶乐的招牌是什么,真的有点难。大多数人提到大众点评网上第一名的"酸奶咖啡",其实酸奶咖啡并不能代表"招牌",它仅是个新奇独创的组合而已。而缶乐最有含金量的品种,应该是缶乐首创的"冰澳·白"和中式炖咖啡等。

严格说来,制作咖啡的创新技术,才是缶乐的核心招牌。

"怪"要求逼出新创意

有时候客人与咖啡师难免会发生激烈的"概念的辨析"。客人可能会提出一些矛盾的要求，但这些要求在缶乐也会被仔细听取，缶乐也会尝试并想方设法去实现。比方说，有客人要奶香味足，但牛奶要少——这看似不合理，但是"今朝咖啡"实现了；同理，又要甜又不许加糖——这个也很难，但是"米香奶咖"就是符合的，它不额外放糖，有食材本身的甜味。所以说在缶乐，没有不可能之事。缶乐希望像"冰澳·白"的研发过程（在后文"一杯成名的'冰澳·白'"中会讲到）一样，客人能够给缶乐出一道题目，缶乐能解出来那就是好事情，大家都有口福啦。

帮客人省钱

缶乐的定价策略在菜单设计的时候就会考虑了。顾客如果不喝经典咖啡，缶乐的原则就是推荐一款上海口味的咖啡，或者说以上海口味命名的咖啡，比如上海咖啡系列，推荐款原则上比经典咖啡都会便宜一点——如果顾客提不出具体要求，还一定要店员推荐，缶乐会介绍便宜的，而不是贵的。

这样推荐，是希望顾客以比较低的投入，尝试一款本土咖啡。如果顾客觉得好喝，就会特别满意；如果觉得不好喝，也不会感觉花了冤枉钱。但缶乐非常有自信，自己的咖啡不会不好喝，只是不适合他（或她）而已。

缶乐作为一家中式咖啡馆，符合中国人的消费哲学——价廉物美。

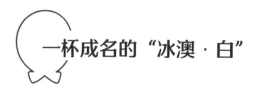

一杯成名的"冰澳·白"

"冰澳·白"的诞生地

缶乐成立之初，店铺开在人民广场商场地下一楼的一个小隔断，貌不惊人，因为没有店招，也没有什么客人，偶尔一些路过的顾客会来打听一下：是不是咖啡馆啊？卖什么咖啡？……随兴也会点上一杯品尝。

那时，缶乐还没有自己独特的产品，以做一些传统的经典的咖啡为主。其中，澳洲口味的澳·白咖啡开始被市场接受，按照缶乐的工作习惯，当时把提高澳·白的出品质量作为工作目标。

由于缶乐创始人的职业背景，缶乐长期以来形成了比较独特的技术研发思路，落实到日常工作中，成为"DIPS"产品研发程序在咖啡行业的实践：

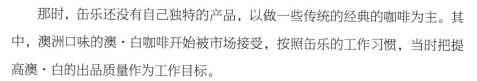

简单地说，就是由创新驱动的产品研发流程，基于对产品定义的精准解析，先找到其内在规律性的要素，通过反复的实践获得所需成果，并将其整个

操作规范流程化，完成一次创新的闭环作业。

参照"DIPS"产品研发程序，缶乐对澳·白进行了提升。首先从定义上研究了什么是澳·白。

缶乐认为，咖啡的"口感"和"口味"不是一个概念。

咖啡的口味，是由咖啡和牛奶的配比产生的，或者由咖啡和其他辅助食材的配比形成各种风格的咖啡品种，比如拿铁、美式、意式浓缩等。

咖啡的口感，是由工艺决定的，包括温和口感和浓烈口感、奶水分离的寡淡和完美融合的丝滑……你会感到很顺滑、我会感到很厚重，这些都是口感。

澳·白有三个特点，归结起来就是三个字："浓一浓"。

第一个"浓"是浓烈，是因为它在相对小的杯量里面，以两份牛奶和两份意式浓缩获得相对浓烈的口味。

第二个"浓"是浓郁，是针对于口感而言的，打发牛奶融入意式浓缩以后，会造就浓郁的口感，很顺滑、很厚重。

三个字中的"一"，是一致性。也就是说这杯咖啡从头到尾，顾客尝到的口味、口感要保证一致。

小贴士

如何检验一杯澳·白的品质?

澳·白的品质有一个很好的检验方法：如果在合理的、比较短的时间内快速地喝掉一杯澳·白，其挂壁的奶泡极薄，且基本能覆盖全部杯身和杯底就是一杯好澳·白。如果饮用半程前后就有了寡淡的感觉——就是奶、水分离的口感——在缶乐看来，就是不合格。

缶乐的澳·白，因为对打发牛奶的要求比较高，牛奶和咖啡能做到完全融合。

"冰澳·白"的研发

2017年12月的某一天，一位个子不高打扮朴素的女顾客来到缶乐，问能不能做冰的澳·白。那是冬天，所以店员回答，目前没有"冰澳·白"，但同时问她在哪里喝到过"冰澳·白"？她说好像喝过，但又想不起来在哪里了。

言者无心，听者有意，企业经营要把满足顾客的需要作为第一要事。

缶乐的创始人思索，根据传统理解确实没有"冰澳·白"，那能不能做出"冰澳·白"来满足顾客类似的要求？说不定她哪天回来了，缶乐店员就会告诉她，已经有"冰澳·白"了。

这就成了创新的起源。

"冰澳·白"的定义

缶乐的创始人查阅相关的专业平台、专业书籍，查阅澳大利亚、美国、加拿大的网站，甚至发动朋友都去查，但得到的结果都是一样的，世界上没有"冰澳·白"。

只发现星巴克在澳大利亚曾把普通冰块加到澳·白里面，做成冰的澳·白。普通的冰加到牛奶咖啡里面，势必造成咖啡的口感变淡，这显然不符合缶乐对咖啡的要求。缶乐从开业起，就拒绝直接在咖啡里面加普通冰块——有一款冰花拿铁就不是放普通水冰，而是放咖啡冰。

怎么能够做出"冰澳·白"呢？

8盎司（1盎司≈28.35克）澳·白的出品，是两份意式浓缩加两份打发的牛奶，冰澳·白还必须要有奶泡。

这样小的一杯咖啡，如果要把它做成冰的，难度实在太大了。

杯量小，改变配方比例对口感和口味的影响就很大，工艺改进回旋的余地就很少。如果放冰牛奶，因放不了多少，咖啡还是热的，且难度也大，关键是打发牛奶的奶泡产生的浓稠口感就没有了。

极端想法的想法是能不能把一杯澳·白做好以后冷藏降温？——显然也是不可能的，因为奶泡会消失，那样显然也就不是澳·白了。

实践各种工艺方案

因为在杯量如此小的情况下，既要迅速降温，又不影响口感，涉及了热交换的简单原理。所以，缶乐做了大量的计算和试验。其间不少顾客，配合缶乐做了相当多的尝试——感谢这份勇气。

缶乐做产品的开发，会参照化学试验或者物理试验的做法，先制定试验目标，然后制定试验方法，最后实施操作，记录试验的结果。之后，比对试验目标和试验结果的差距，分析原因，再根据改进的工艺方案，制定新的试验目标，制定新的试验方法，执行新的操作，再记录新的结果。

这样周而复始循环往复，一次一次缩小目标和结果之间的差距。

规范创新的工艺流程

为了一杯完美的"冰澳·白"，缶乐首次开发就花了整整三个月时间。

最终，缶乐得到一个全新的工艺，并把它作为标准的做法固化成操作流程：把咖啡做进冰里面，并且尽量缩小冰的体积，通过大量小冰粒的迅速融化和热的打发牛奶完成热交换，在降温的同时释放冰里面的咖啡。

这杯最初版的"冰澳·白"制作难度相当大，各种各样的冰组合非常复杂，每一种冰各司其职，产生不同的作用，有的是释放咖啡，有的是降温，有的是保证口感。所以，当初大家能喝到这杯8盎司的、咖啡味浓烈、口感浓郁的"冰澳·白"咖啡，实属不易。

"冰澳·白"是2018年4月1日上市的。正因为"冰澳·白"的出品，才使缶乐在激烈的市场竞争中脱颖而出，一"杯"成名。

这个产品也成为拥有缶乐核心技术的一杯咖啡，一杯有灵魂的咖啡。

"冰澳·白"和"澳·白"仅仅是温度差异

按照缶乐对"澳·白"的标准，缶乐的"冰澳·白"也要满足"浓—浓"的基本特性。

浓烈的"浓"：缶乐通过保持咖啡和牛奶的比例不变来延续"澳·白"的浓烈。

浓郁的"浓"：浓郁的口感则是源于用打发牛奶来做冰的澳·白。这一点恰恰是当时其他咖啡馆都没能做到的，缶乐的"冰澳·白"同"澳白"一样有奶泡，而且还是冰的奶泡。

那么，一杯有浓郁口感的冰咖啡能不能保持从头到尾的一致性？——这个技术难题，缶乐的"冰澳·白"，必须攻破。

从1.0版到3.0版的"DIPS"产品研发程序

起初制作工艺很复杂，要把各种各样的冰混合在一起做，每天要花大量的时间制冰，店员经常工作到晚上10点后。为了顾客能喝到这样的咖啡，缶乐坚持了。

因此当时这个产品的出杯量很少，每天只有20杯左右。经常会发生顾客来晚了，它就卖完了的情况——受制于设备、场地、制作产能和时间，所以每天都是卖空的。

2018年的夏季来临之前，为了提高出品效率，节约时间成本，让更多的客人能够喝到"冰澳·白"，缶乐再次启动"DIPS"产品研发程序，整合了各种数据的计算并改进制作工艺，把各种咖啡浓度的咖啡冰合成为一种咖啡冰，然后直接用热的牛奶来激发它，完成了这杯"冰澳·白"的2.0版本。

当时大众点评网和一些视频网站，都来介绍这杯"冰澳·白"制作和饮用的方法。其中有一段非常有名的介绍文案："我们把咖啡做成冰，用热的牛奶去激它。热的牛奶就像云，冰就像黑气球，冉冉升起，最后融化在白云里，成

咖啡冰

……成冰，用热的牛奶才激它……奶就像云，冰就像黑气球，冉冉升……后融化在白云里，成为了这样一杯"……

"……10秒钟以后变冷，就可以喝了。"

就了这样一杯'冰澳·白'。"

"冰澳·白"是缶乐非常有意义的一项工艺的创新，解决了咖啡业界"冰澳·白"的制作难点。

2.0版本"冰澳·白"在咖啡师手上完成了以后，客人也要参与后半段的工作——在喝的过程中要继续摇杯，让杯子里面的牛奶和咖啡冰转起来，加速冰的融化，达成融合。如果顾客摇的手势不佳，也会影响融合效果，所以从实用的角度来说，这杯2.0版本"冰澳·白"也有一定的缺陷。

从2018年的秋天开始，到2019年的夏天来临之前，缶乐不断考虑和研究怎么去继续改进"冰澳·白"，从2.0版本升级到3.0版本。

借鉴曾经比较流行的分子料理的做法，缶乐把澳·白做成了冰，然后用一杯热的澳·白去融化它，于是在更高的水准上，彻底解决了之前版本在一致性上的些许缺陷。

3.0版本的新工艺，在制作方法和出品要求上当然也碰到了一些难点。但缶乐最终一一解决了，实现了"冰澳·白"3.0版本——再也不需要顾客配合着去"摇"咖啡了，从头到尾这杯咖啡的口味都能保持一致。

现在的"冰澳·白"一开始是热的，出品后交到客人手上，缶乐店员只说一句台词："手指所处部位10秒钟以后变冷，就可以喝了。"

只需等10秒，客人就能喝到一杯完美的"冰澳·白"。

而且，现在3.0版本的"冰澳·白"无论喝得快、喝得慢，理论上来说，口味都已经不会变化了，只有温度越来越冷的变化。有的顾客很怕热，喜欢喝"冰澳·白"，喝的时候心急，液体部分喝完了冰都没有化完，反而还觉得这个冰挺好吃，像雪糕、冰沙一样。

这个冰沙还成为另外一个新产品——"凌凌后"的创新源头。

不同一般的缶乐冰咖啡

"冰澳·白"做出来以后，缶乐其他的冰饮产品也相继推出，因为整个制作工艺被突破了，制作冰咖啡的工艺也成为缶乐的一个核心技术。

比如"冰的玛奇朵""冰的卡布奇诺""EMC^2""双子座"等咖啡，缶乐都是运用了特殊的冰。这一类特殊的冰，包括咖啡冰、巧克力冰、牛奶冰等。冰的"巧拿铁"，就是用了巧克力冰，是很多非咖啡爱好者的冰饮不二选择。

为此，缶乐已经在2019年向国家知识产权局申请了发明专利，虽然尚未拿到专利证书，但是缶乐觉得这个事情做得非常有意义。

目前来说"冰澳·白"在缶乐，乃至整个咖啡界，绝对是一个有分量的产品，缶乐可以骄傲地说："上一秒，世界上只有唯一的地方，就是缶乐，可以出品'冰澳·白'。下一秒，应该也是。"

限制这个产品被模仿的因素中有一个设备投入的门槛，一般的咖啡店都没有足够大的冷冻箱，但是缶乐却有三台冷冻箱，外加两台冷藏箱。这是其他店很难复制缶乐冰咖啡的原因，当然，将来可能还有专利保护的限制。

或许，将来专利权的授权经营也是有可能的。

衍生产品——超低温咖啡

在冰咖啡之外，缶乐还衍生出超低温咖啡。超低温咖啡解决了一部分客人夏天不喝冰咖啡，但喝热咖啡又觉太热的难题。

所谓超低温概念，就是缶乐可以做到极值23℃出品的拿铁，照样有奶泡，照样很好喝。澳·白也是极值27～30℃出品，照样有奶泡，照样可以做

到丝滑绵柔。

曾经缶乐有一个非常有个性的愿望——成为做冰咖啡的行家。

通过"DIPS"产品研发程序，超低温咖啡的制作工艺，缶乐掌握得非常娴熟，甚至于在冰卡布奇诺之后，超低温卡布奇诺也可以出品，它的奶泡是"温冷"的；当然还有"空气"系列的"无间"和"福气"咖啡。

衍生产品——缶乐的咖啡冰

缶乐有这样的设想：将来如果有可能，在知识产权得到保护的情况下，可以和其他的一些咖啡店合作，输出这样的制作技术，或者缶乐输出半成品，送到各个门店或其他合作企业、合作咖啡馆，然后由他们完成第二步制作。

或许在未来的某一天，你在超市可以买到有"缶乐"商标的咖啡冰，那你就可以在回家以后，自己制作一杯不会变淡的冰咖啡——未来可期。

虽然有人担心，缶乐的核心技术会被人模仿甚至复制，但缶乐不惧分享。因为真正的核心竞争力不是产品，不是人，而是**缶乐创新性的"DIPS"产品研发程序，是缶乐对咖啡制作的工艺技术的持续改进。**

因为缶乐，有了产品；因为产品，也有了缶乐。

招牌，是同行业的商家默认这款产品是你独有的。

酸奶咖啡由爆款变为招牌，偶然是创意产生的偶然，必然是愈发美味的必然。

爆款需要把握机会，不断优化，使之变成招牌。

顺应潮流开发真爆款

在国外的市场上——姑且认为它是传统咖啡市场——常规的经典咖啡是消费的主体对象，这主要是取决于顾客极强的消费记忆和偏好。

一般咖啡馆也主要以满足客人日常的咖啡需求为主，所以常规经典咖啡产品的销售比较多，创新口味或口感的产品并不多。

例如中国上海这样的新兴咖啡市场，新的咖啡消费群体对传统的经典咖啡产品尚未形成固定的口味记忆，咖啡尚不是所有咖啡客人生活的必需品，喝咖啡具有更多的社交属性，其中部分客人对更好看、更好玩的创新品种有着很大的好奇心。

因此，很多新兴市场上的咖啡馆为追求差异化竞争，热衷于寻求新口味、创新咖啡的品种，即研发所谓的"爆款"，以争取更多的关注和销售量。

新产品一定会成为一家咖啡馆的爆款吗？

未必！

成为一款爆款产品需要什么基本条件？

缶乐认为，首先，爆款产品必须口味新颖、味道好、颜值高、有丰富的口感；其次，因为是全新的产品，需容易引起市场的话题讨论，形成广泛的传播；另外，该产品在推向市场的初期，要具有唯一性，是独有产品。

缶乐还认为，这类的爆款产品不应该只是变换某种原料那么简单的设计，比如换一种咖啡豆、换一种牛奶等，而应该是全新配方的引入或工艺的创新。

追"第一"也争"唯一"

"酸奶咖啡是什么？"

"酸奶咖啡就是酸奶淋上意式浓缩，会送点酒酿，是挖着吃的。不提供打包哦。"

缶乐店员会在出品酸奶咖啡的时候介绍一下吃法："酒酿、酸奶、咖啡三种东西要一起吃，然后根据自己的口感调整三者的比例。一直挖着吃，不要搅，搅了以后会失去层次感，就不好吃了。"

加了酒酿的酸奶咖啡，在2018年6月27日上市，一下子成为爆款。

这个产品是意料之外，也是意料之中的爆红。大家排队来吃的酸奶咖啡，风头几乎超过了2018年4月1日推向市场的"冰澳·白"。

酸奶加上意式浓缩

会送些酒酿，是挖着吃的

不提供打包哦

这款创新的产品，引来各种报道，以它作为缶乐招牌的报道，延续了三年多还没有停止。这个产品至2023年还是其他咖啡店无法提供的，有些客人特地到缶乐吃了酸奶咖啡后说，原来是这样的味道，是真的好吃。

到现在"酸奶咖啡"出品大概有2.5万杯以上了，粗略统计一下，这个产品在大概1000个客人里面只有5个不喜欢，有的客人还非常喜欢，每周一定要来吃。

因为做酸奶咖啡的咖啡店，缶乐是第一家，所以，"第一"可能使它成为爆款。

能把酸奶咖啡做得好吃的咖啡店，缶乐也是唯一一家，所以，"唯一"可能使它成为招牌。

好多客人开始的时候，根本不知道缶乐有其他独特的产品，但是绝大多数客人知道缶乐有酸奶咖啡。不夸张地说，大多数人知道缶乐是从酸奶咖啡开始的。

酸奶咖啡确实是缶乐的爆款，但它却只是缶乐的招牌"之一"。

在酸奶产品销售过程中，缶乐有一个坚持："不做外卖，不能打包。"为什么？因为酸奶本身是冷链物流产品，而且制作工艺把咖啡淋在外面，包裹着酸奶，如果客人在带回去的途中，不能够保证全程冷链，很容易引起变质，而且咖啡会浸润酸奶，让整个产品的层次感完全丧失。

"酸奶咖啡"是一款带人气的流量产品，它吸引顾客来到店里。

寻觅爆款的过程

为什么会有"酸奶咖啡"？其实依然归功于缶乐的"DIPS"产品研发程序。

捕捉市场需求，定义新的配方

产品开发对于一家咖啡店而言是很重要的一项工作，方法之一是对市场需求问题的解决。

缶乐在开业三四个月时，好多顾客表示喜欢缶乐的咖啡，也会来问商家在家里怎么能够做好咖啡。缶乐认为在家里做咖啡成本很高，另外也很难做到好喝。为什么呢？因为受限于制作工艺和设备及原料的使用，很多奶咖中牛奶的浓厚绵密的口感在家里是很难实现的，或者说很难做到稳定的出品。

当很多人来问同样的问题后，为解决这个问题，缶乐就开始想能不能在家里找到一种香滑好喝且又浓稠的牛奶呢？

要浓稠！要浓稠！一定要浓稠！于是，酸奶就跳了出来。

酸奶在发酵过程中，自然地形成浓稠的口感，是不是可以用酸奶配合咖啡呢？

缶乐就尝试用常规的酸奶和咖啡做了一下融合试验。第一次用了一款保加利亚菌种的稀酸奶，把冷的意式浓缩，倒进酸奶里，摇匀——出奇的好喝。酸甜奶香的酸奶融合了咖啡的香味，令口味和口感提升。

改进工艺配方，实践更多可能

从这个产品初期试验来说，其操作简单，更适合在家里自制，能满足基础需求。但不适合作为咖啡店的产品出售。试想，如果只是打开酸奶瓶盖子倒一点意式浓缩进去，没有任何工艺特点和难度，就很容易被模仿。这样的产品没有商业价值。

缶乐考虑能否改进酸奶的品种和品质，进一步增加酸奶的浓稠度。

研究酸奶：缶乐发现希腊酸奶的特点就是非常醇厚浓稠。所谓希腊酸奶，简单地说就是在普通酸奶做好以后，花一天以上的时间把乳清和水滤干，使得酸奶变得更浓稠，像奶油一样香滑。

试验发现：希腊酸奶跟缶乐的咖啡配合起来非常美妙。

对于一款新上架的产品，缶乐始终想打磨得更扎实一点，这才符合缶乐出品的要求。纯粹酸奶加上意式浓缩，缶乐觉得其口味、配色还是比较单一。为了让如此美好的味道在口腔里留存的时间更长，缶乐考虑添加颗粒感原料来增加咀嚼的过程。

增加颗粒感有几种选择：常规的是各种坚果类的果仁，缶乐尝试添加杏仁片、花生颗粒、瓜子仁和炒米等进去，也很好吃，但成本可能比较高，口味也没有达到画龙点睛的效果。

后来缶乐想到了一个中国特色食品：酒酿。它是大米在酿酒过程中的独特产品，也是一种中式特色小吃。为了同时提高颜值，缶乐先是采用了一款紫米酒酿。本身黑米、紫米和血糯米有一个特性——米粒比较硬，做成酒酿，就很有颗粒感。这个产品反响非常好，又好看、又好吃，可是成本太高了，当时一斤紫米酒酿的成本是50元，势必会增加产品的价格。为了不增加顾客的消费支出，辅料必须找到替代品。

缶乐选择辅料的原则是选择质优价廉的材料，通过工艺的改进、提升和细化，增加产品的美味度，所以只能忍痛放弃了紫米酒酿。之后，缶乐又做了不同的尝试，比如用了甜胚子，它是西北的那种燕麦类的酒酿制品，可是它的冷冻保存难度相当大，使用时需要提前解冻、用不完又要冷冻停止其发酵，极不容易操作。

最终，一款上海崇明的本地"中华老字号"酒酿完美"胜出"。它的酒酿颗粒物比较多，口感也比较硬，完全能够达到紫米酒酿的嚼劲，价格却只有紫米酒酿的十分之一。

爆款变经典，品种转品类

每个产品总是有生命周期的，把爆款做成经典款，是一个延长产品生命周期的好方法。

固化标准配方，持续改进产品

为了保持酸奶咖啡的热度和美誉度，缶乐在不断提升主要原料酸奶的选择标准，所使用的酸奶的各项指标都需完全按照缶乐标准的需求定制。

缶乐现在还借鉴蛋糕的裱花技术，不断地提高产品的颜值。

缶乐对酸奶咖啡产品的开发始终没有停下，现在有红豆沙的酸奶咖啡，有黑芝麻的酸奶咖啡，还有果仁的、奶皮的，但是这仅是增加一些味道，也就是缶乐所说的增加口味，并没有对口感造成实质的改变。

缶乐一直在思考是不是能开发出更多的酸奶咖啡类产品。

把品种做成品类，从"一筒麦香"到"酸奶麦酱"

好多客人看到酸奶咖啡的产品会问，"酸奶咖啡"是冰淇淋吗？

既然大家都这样理解，缶乐考虑能不能索性把它做成冰淇淋的样子呢？

2020年的四五月份时，缶乐想到了上海人以前吃的炒麦粉——把它作为介质，让它作为填充物去塑造造型，出品了"一筒麦香"。麦粉本身会有大麦的香味，和酸奶咖啡结合在一起，同时添加奶油和其他一些辅材，做成像冰淇淋蛋筒一样好看又好吃的产品。

尽管"一筒麦香"市场反响很好，它不像冰淇淋那样热量很高，具有粗纤维的食材又很健康，不失为一款配合咖啡的小点心，但是考虑到这个产品制作工艺比较复杂、费事费时，在平衡了时间成本和经济效益后，缶乐把它下架了。

下架之后，好多客人觉得"一筒麦香"好吃，还是会经常来问，这个产品还有没有啊？因此在2021年的时候又上架了一段时间。然而彼时这个产品的制作工艺虽经改进，却仍比较复杂，现场制作的时间依旧无法压缩，所以一段时间后，它又不得不下架了。

有顾客提出一个建议：能否把蛋筒里的原料单独出品？

缶乐及时听取了顾客的意见，尝试着做了一个"酸奶麦酱"——它有一点像花生酱的感觉，里面没有奶油，只有酸奶、咖啡、炒麦粉和麦芽糖。

缶乐在2021年4月中旬正式推出"酸奶麦酱"。但是这个产品也要预定，为了保证它的出品新鲜程度，必须是在有预定的情况下才能制作。

从产品到产业的初步探索

终于有了可以让客人外带的酸奶类产品了。客人可以将"酸奶麦酱"买回家，涂抹在面包或饼干上食用，非常健康又好吃。

这个产品理论上来说，可以规模化生产。如果条件允许，可以以中央厨房的模式投产，然后经冷链配送到各家门店或商超渠道直接销售，应该是对缶乐产品产业化生产的一次有益的探索。

打破传统就是缶乐传统

缶乐在开发产品的时候是非常大胆的，会突破原材料对传统产品的限制。借鉴酸奶的产品，缶乐还出品了一款"嘿芋断续膏——芋见泥"，以芋泥完全替代酸奶。但其制作工艺依旧很复杂，每一次要分三个时间段制作，最后还需要动用额外的设备才能制作完成，因而在一段时间后又下架了。

尝过这款芋泥咖啡的客人都对其念念不忘，经常要求再上架。但是从经营成本控制角度出发，这款产品不适合长期做。

芋泥很容易变质，如果当天没有售完，就浪费了。除非有一些特定的客户群，或有几个人同时预定，缶乐才会在原材料允许的情况下特地做一次。

在缶乐，有一些产品，比如"红豆沙拿铁""酸奶麦酱"和"芋见泥"等，受制于原材料的准备和制作工艺的约束，如果长期出品的话，会增加销售成本、放缓出品节奏和降低制作效率，为控制销售价格、降低成本，被迫限售。

理论上来说，在不涨价或者说不提供更大的价值的情况下，一家咖啡馆应该平衡这些经济效益和品牌效益的矛盾。否则，可能会造成一定的浪费，这就违背了一个重要原则，那就是"对环境友好，不浪费食物（含原料）"。

环境友好、减少食物浪费是缶乐一直坚持的原则。

尝到过这些特别产品的客人，您是幸运的，没有试过的客人，只能等下一次机会了。

一起期待。

经济学的"弄堂奶咖"

"弄堂奶咖"扯上了经济学，是"作"出来的咖啡。

弄堂奶咖是重新调整工艺和配比的中国口味的牛奶咖啡。

需求和供给"作"平衡

开店之初，缶乐的梦想就是做上海人口味的咖啡、做中国人口味的咖啡。因此在设计产品的时候，始终秉承了这份初心。

以前，老上海喝咖啡只有两种，一种是清咖，一种是奶咖。清咖类似美式（或滴滤咖啡）；奶咖就是在清咖的基础上，加一点牛奶。

作为上海的一家小咖啡店，缶乐刚开张的时候，菜单比较简单。于是把"上海清咖"和"上海奶咖"作为两个产品列到了菜单上面，很多顾客对"上海奶咖"很好奇。

上海人有一个出了名的特质，在喝咖啡的时候也有所体现，就是所谓的"作（zuō）"。"作"这个字在上海话里面一般指：挑剔又无明确目标的要求。或许在全中国的语言体系里"作"也不是一个褒义词，但缶乐却在顾客的"作"里发现了商机。

上海消费者虽然对咖啡有着高要求，但是他们往往不能把要求讲得很清楚，比如，"喜欢的拿铁是不要那么多的牛奶，或者说奶香味不要那么浓，但是又不希望咖啡味像澳·白那么浓烈"。这就是所谓的"作"，它是"需求"对"供给"的要求。

发现需求，对接供给

常规来说，澳·白是两份浓缩咖啡加两份打发牛奶；拿铁是两份浓缩咖啡加五份打发牛奶。也就是说，如果能够在两份和五份牛奶之间取一个中间值，或许这个比例就能够满足上海，或者说中国一部分消费者的喜好。

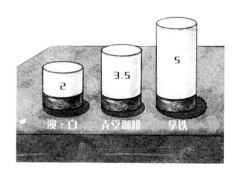

既然发现了需求与经典产品之间的差值，且可以填补这些空缺或缩小差值，缶乐运用"DIPS"产品研发程序，试图基于这个差值开发一款牛奶咖啡配方和工艺，并定义一款全新的牛奶咖啡品种：以3～3.5份量的牛奶配比，打造一款中国上海本土的牛奶咖啡——"弄堂奶咖"。

创新，更是变革

"弄堂奶咖"是源于以美式咖啡为基底的"上海奶咖"设计的一款"近亲"产品。缶乐撤掉了"上海奶咖"里美式咖啡的两份热水，保留了三份的牛奶。因为杯子里没有了多余的水，自然腾出了一定的空间，所以还可以适当控制牛奶的比例，大概在3份到3.5份之间微

调，就可以满足各种"作"的要求。

"弄堂奶咖"的技术特点很明显：

一、基本是借鉴澳·白的牛奶打发工艺，尽管牛奶会比澳·白多50%以上，却也做到了牛奶和咖啡的完美配比，浓稠的程度就能够得到保证，可保留浓香的奶咖口感；

二、参考"可塔朵咖啡"的牛奶融合工艺，保证牛奶和咖啡的"激烈冲突"，以实现咖啡口感的冲击力，使它的口感非常接近澳·白中咖啡和牛奶的平衡口感，也能够满足一般的客人对咖啡的浓烈程度的需求。

基于对一种原有产品的改进，融入更高阶产品的制作技术，使一杯牛奶咖啡的奶味既不那么多，咖啡味又不那么浓烈——"弄堂奶咖"就成了一杯介于拿铁和澳·白之间的咖啡。

缶乐认为这个过程和结果，不仅是创新，更是一种变革。

对定义的创新

在缶乐，"DIPS"产品研发程序是贯穿产品研发的方方面面的，且强调主动定义的必要性，在新产品的研发过程中，这个主动定义也可以理解为"DIPS"中的"S（标准化）"。

缶乐强调定义的重要性。只有理解了各种定义的内容，才有利于传承各种经典产品的特色，也有利于发现可以创新的突破点、掌握核心的创新控制节点，做到既传承经典又创新发展。

具体来说，缶乐在为这个产品命名的时候，考虑到这款产品源于经典咖啡拿铁和澳·白的多种要素，先搁置口味的改变，而以争取咖啡口感的改变为主；并且，缶乐认为这款咖啡可以"作"成体现上海人消费心理需求、满足高标准要求、口感特别的一款咖啡，所以将它称作"弄堂奶咖（Lane Latte）"。

为什么叫"弄堂"？因为弄堂是上海独有的一种街区名称，在北京一般称胡同，有些地方称巷……而弄堂是属于上海的，它有介于两者之间的意思。这款介于拿铁和澳·白口味之间的新品种，因此得名"弄堂奶咖"。

关于对"弄堂奶咖"的质疑，比如：有人可能会说这不就是牛奶少一点，然后又虚头晃脑地起了个名字嘛……实际上，尚没有人提出这样的看法，这还只是个假设命题。

在"弄堂奶咖"这款产品上，缶乐不是随意地少放点牛奶、多放点牛奶，或者说做成大杯、超大杯，抑或是小杯的拿铁——这不是现代产品的制作理念。

在"弄堂奶咖"开发之初，缶乐依从核心的"DIPS"产品研发程序的思路认为：

（1）先定义（D）、后创新（I） 牛奶咖啡无非就是咖啡、牛奶和水及其他原料的配合比例的问题，在这杯弄堂奶咖里面，缶乐是减少了牛奶的占比。

（2）再实践（P）、标准化（S） 对于咖啡研发，做减法的难度远远超过做加法，"弄堂奶咖"就是一杯做减法的咖啡，能够把这种减少牛奶的做法标准化，才是它成为一款有名字的咖啡的一个很重要的因素。

每一个创新品种，都应该是先有一个定义，再把它整个的制作流程固定下来，杯量、出品质量都得到稳定的控制，然后赋予它一个独特的、有特征的名字。这个是缶乐开发新品种的基本思路，也是缶乐觉得创新一种咖啡应该要有的一个合理的流程。

从这个角度来说，不应认为"弄堂奶咖"只是纯粹起了一个新名字，作为一个平台型产品，它其实是开了一个产品的品类。

就如同澳·白也不是意大利咖啡的一个品种，它是意大利裔在澳洲创新的一个做法，即两份意式浓缩，加两份的打发牛奶，在打发牛奶时要薄，不要有太多奶泡的情况下，一杯创新的并且有自己的名字的Flat White（澳·白）诞生了，并且被世界人民所喜欢了。

缶乐的"弄堂奶咖（Lane Latte）"也应该是这样的一款新诞生的咖啡，相信它也会被大家慢慢接受。

缶乐创始人基于其经济学背景，通过发现市场的需求，供给相应的产品满足需求——这可能是一个经济学人的底层思维逻辑吧。

一杯经济学的咖啡

命名之后考虑的就是定价。

为什么说一杯咖啡是经济学的咖啡？它的定价原则和它的制作方法，值得一说。

平衡供需，加量不加价

"弄堂奶咖"的制作技术特点很明显，缶乐采用澳·白的制作工艺，保留醇厚的咖啡香味，同时借鉴了可塔朵咖啡的做法，保证牛奶咖啡完全融合。如此，浓稠的程度就能够得到保证。所以这款咖啡，尽管牛奶会比澳·白多50%左右，但是它的口感非常接近澳·白，也就是说"弄堂奶咖"在中国这样的新兴咖啡市场，能够满足大多数客人对咖啡的浓烈程度的需求。

换个角度讲，它的牛奶量相对拿铁来说会少1/3左右，所以它的奶香味不会特别重，从而满足了不少人客人"牛奶不要太多"的需求，同时也减少了不必要的浪费。

最终，它成了一款特别的存在，"亦左亦右"：牛奶比拿铁少而咖啡味重；牛奶比澳·白多而咖啡味不淡，基本上达到了客人"作"的标准——供需平衡。

定价锚定"澳·白"，性价比即精明

一般来说，因为牛奶多了，完全可以定20元到22元的价格，但是缶乐放弃

了这样的成本定价策略，而是根据其本土咖啡的定义进行定价，既然是"弄堂奶咖"，上海特色，那么它必须满足让顾客觉得"划算"这一消费心理特质，以赋予它更多的上海特色文化消费观念的内涵，希望它和"上海奶咖"一起以便宜、好喝、性价比高的特点来满足顾客日常的咖啡需求。

上海人常与"精明"一词挂钩，其实就是精于追求性价之比。

严控成本支出，杜绝浪费低效

说"弄堂奶咖"里有经济学，还有一个很重要的点是在制作工艺中体现的。

关于牛奶

在澳·白所需牛奶的打发过程中，为了体现澳·白的特性，缶乐根据需要，会放弃一点不达标的奶泡，以保证出品品质。但在制作"弄堂奶咖"时，从尊重食物和节约食品的角度来说，缶乐提高了新鲜牛奶在打发制作中的技术标准，以期达到减少牛奶损耗、控制奶泡制备标准，实现了"既控制方差、又减少偏误"的目标，希望打发完牛奶以后，能够把全部原料做进咖啡里去，杜绝损耗。

因此，"弄堂奶咖"达到了通过技术升级降低成本支出，以控制产品价格，惠及消费者的目的。

关于纸杯

拿铁咖啡是12盎司（1盎司≈28.35克）的产品，澳·白是8盎司的产品。因每杯"弄堂奶咖"相比拿铁减少了牛奶使用量，非满杯出品，出于成本考虑，缶乐选择不换杯子，依旧采用12盎司纸杯，既降低了额外原辅料采购的成本压力，也为后续的产品争取了更多的杯内空间。正所谓"退一步，海阔天空"，这一点空间使"弄堂奶咖"成为了一款平台型产品。

综合来说，"弄堂奶咖"实惠、好喝、满足大多数人的口感需要，也不会产生不必要的成本增加，是一杯有经济学属性的咖啡。

灵魂是平台型咖啡

缶乐认为"弄堂奶咖"实质是一款咖啡平台，是所有本土化咖啡的灵魂，甚至可以说是上海咖啡或者中国口味咖啡的一个起始点。

前文提到"弄堂奶咖"杯中留有的一点空间，使它成为一个可以继续开发的平台型产品，类似于汽车制造商会开发一个汽车底盘，再研发各种车型；手机厂家会开发一款主板架构，以做出不同型号的手机一样。

可加料的咖啡

从配方角度说，用12盎司的杯子满杯出品做拿铁，就是加满牛奶；做"米香奶咖"，就是加满米浆；做"酒香奶咖"，就是加满酒酿汁，当然还有最稀缺的——加满红豆沙，就是限量的"红豆沙咖啡拿铁"。

缶乐的咖啡是不用糖浆来调味的。

相比其他咖啡馆里提供的各式风味咖啡，比如榛果味、橙子味、香草味，甚至是樱花味（樱花有味道吗？）的各式糖浆咖啡，缶乐更崇尚食材的本味。所以，缶乐只用食材原料来调味，为客人做一杯有风味的咖啡，"弄堂奶咖"提供了空间和添加原材料的可能性。包括红豆沙、黑芝麻等特殊口味的咖啡都是在"弄堂奶咖"这个平台上做的品种。

可编码的咖啡

在"弄堂奶咖"的产品谱系里面，它是可以继续加减意式浓缩的量的。不同的意式浓缩量的产品称为一弄、二弄、三弄、四弄，这些产品都基于同样的

米浆　　　涵酿计　　　红豆沙

逻辑，高阶的编码是重度咖啡爱好者的挚爱。

　　一些经典的咖啡品种，因为在国际上已经形成了标准化的配方比例，为了让客人喝到地道的国际口味的咖啡，缶乐不主张随意改变经典配方和工艺，就是一般不在满杯的咖啡里面做加、减原辅料的做法；也不主张换杯子，以防破坏了整个主、辅材料之间的比例关系，从而破坏了咖啡的口感。

　　但是在"弄堂奶咖"产品谱系里面，因为是缶乐自主研发的工艺配方，就可以在控制核心基底的基础上实现多种变化。所以它是缶乐本土化系列产品的一个灵魂，或者说一个基础。

　　这就是自主研发，掌握核心技术的重要性。

　　缶乐是一家善做减法的咖啡馆，后来的中式炖咖啡也同样是一杯做减法的咖啡。

品控极致的100杯"卡布"

咖啡香的奶泡够多才是好喝的卡布奇诺。

咖啡是记忆中的味道

记得有一位作家说过，咖啡是记忆中的味道。

每个咖啡爱好者都有一杯记忆中的、自己喜欢的、很好喝的咖啡，它是对某个咖啡馆的某一款咖啡的美好回忆，令人不由自主地用那杯咖啡的味道来描述自己对好咖啡味道的理解。

是的，其实你很难具象地描述出什么是好咖啡的味道，它是植物果实经过加工后带给你的一种特有的基础味道，就像你很难描述什么是大米的味道、什么是水的味道一样。所以，上面对咖啡味道的抽象描述是有一定道理的。

由此可见，一杯咖啡出品能够做到稳定，也就是保持始终如一的味道，对一家咖啡馆来说有多重要。曾经因新冠疫情的影响，缶乐在闭店38天后重新营业，几位常年喝"米香奶咖"的客人说了一句话："我们喝着星巴克的咖啡时，想的却是米香奶咖的味道！"令咖啡师十分感动。

或许，你有机会天天去喝这样一杯你喜欢的咖啡；又或许，很多年以后你有机会再回到某家咖啡馆，还能喝到那杯记忆中的好喝的咖啡——那都是多么美好的事情啊！

在缶乐，咖啡师的目标，就是争取能为每位客人做出那一杯让他留下美好记忆的咖啡。每当听到客人说："嗯，还是那个味儿！"的时候，那种喜悦像是一种烙印，又滚烫又深刻。

从技术层面来说，咖啡好喝与否，除了咖啡本身的味道，每杯咖啡制作技术的稳定性也是经常被客户考校的。

思路决定出路，创新源于理解

卡布奇诺（Cappuccino）是一杯奶泡、牛奶和咖啡各占1/3的咖啡，是喜欢奶泡的人喝的咖啡，卡布奇诺的特点是什么？是奶泡多，大量的奶泡浮在咖啡上面。但是传统的卡布奇诺是把多余的奶泡直接堆在牛奶咖啡的上面，可能还要刻意地勾出一些花纹来。如此造成卡布奇诺顶层全部是白奶泡——它全是奶，没有咖啡的味道。

但是，在缶乐看来，牛奶咖啡好喝的一个重要指标是"完美融合"，能否改进一下，做出带咖啡味奶泡的卡布奇诺呢？把白"帽子"换成棕"帽子"，让这种传统的卡布奇诺变得更好喝一些。

毕竟，缶乐始终以好喝为重要标准。

卡布奇诺的"帽子"能不能换个颜色？

缶乐对卡布奇诺改造的思路就是让奶泡带上咖啡的味道。

这种做法可能之前没有过。一般来说卡布奇诺分两种，一种是湿奶泡，另一种是干奶泡。

据查考，在意大利咖啡市场，对湿奶泡的理解就是奶泡不太多，基本接近拿铁制作方法和出品品质；干奶泡就是在牛奶和咖啡融合充分后，像之前提到的那样把剩余奶泡，堆满到杯沿，而且，基本不做冰卡布奇诺。

缶乐拥有一些喜欢并了解咖啡的资深顾客，其中一位说做卡布奇诺要做出"黄金圈"，所谓的"黄金圈"就是在浓缩咖啡中心注入奶泡的情况下，在周边由咖啡油脂（Crema）形成的一个圈圈，所以当中是白的，可在上面再放一些巧克力酱，然后用拉花针，拉出一些对称的几何图案。但对于国内一部顾客来说这样的卡布奇诺奶味太重了。

缶乐试想能不能运用工艺上的改进，让奶泡带上咖啡的味道，就像玛奇朵是沾染了奶泡的咖啡一样，卡布奇诺能不能也让奶泡沾染上咖啡的味道呢？在做了一定的尝试后，缶乐的卡布奇诺已然换上棕色的"帽子"啦！

当时，缶乐还给这种独特的卡布奇诺拉出了"大风车"图案，类似于咖啡奶泡在咖啡里面旋转上升的一个风车造型，很好看，还有客人曾用特效技术让大风车转起来了，很好玩。

缶乐特别的卡布奇诺，奶泡扎实，且都是咖啡味道的奶泡，可以在满杯的情况下继续追高奶泡，甚至可以高到3~3.5厘米。

开心的卡布奇诺

缶乐这杯独特的卡布奇诺还有一个特性——趣味性。每一次做它的时候，顾客都很紧张和开心，因为大家都期望它不要滴漏——其实几乎不会产生滴漏的。

缶乐的卡布奇诺常会有不同的造型，它有时候像贝果，有时候像舒芙蕾，有时候又像一个麦芬——因为很厚实，看似可以咬它一口；有时候它还会爆开，就像银河一样，很好看，也很好玩；有时它像瀑布那样瀑出来，甚至可以把一个杯子全部遮住。

当然，趣味性的基础还是好喝。有一个意大利客人声称，缶乐的卡布奇诺是他的最爱之一，每一次喝都会称赞"Amazing（太奇妙了）!"他很奇怪，

3cm

为什么中国会有这么好喝的卡布奇诺。

可能这杯卡布奇诺，让他想家了！

让泡泡飞起来

后来缶乐把卡布奇诺（卡布）的产品线拓展得更宽了。除了有咖啡卡布，还有超低温卡布、迷你（Mini）卡布、巧克力卡布、茶卡布、姜糖卡布、陈皮卡布……

缶乐还有冰卡布奇诺，跟冰澳·白一样，可能也是世界上很少有的。它不同于市面上的普通产品，并不只是在冰牛奶咖啡的基础上堆了一些手打奶泡——那样奶泡一会儿就消散了——缶乐的冰卡布和热卡布只是温度不同。

通过对卡布的钻研，缶乐的打奶泡技术已经练到炉火纯青的地步，相信喝过的顾客都会印象深刻。奶泡扎实的程度、绵密的程度，完全可以保证一杯热的卡布奇诺，在客人喝到最后一口时都会有奶泡。

有了比较，也就有了自信。卡布奇诺已经成为缶乐非常有特色的一个品种，可以说缶乐是喜欢奶泡的客人的开心乐园。

100杯卡布奇诺的承诺

卡布奇诺是一款有很丰富的奶泡的咖啡，在出品过程中，如果融合形成超厚超高的奶泡层，是否会发生滴漏？

缶乐的承诺是高过杯沿的奶泡不滴漏，成功概率在95%以上，也就是做100杯卡布里面，允许有5杯是出现滴漏的；如果是10杯，则不允许有失败的。这是缶乐坚持的出品标准。

有位客人很喜欢缶乐的卡布奇诺，喝过一次以后，就难以忘记。在得知缶乐为自己定下的出品标准后，觉得挺有趣，决定来挑战100杯，以此检测缶乐

的成功率。

为此这位顾客在周一到周五的工作日几乎每天来，偶尔休息日也来喝，整个过程花了145天的时间，挑战完成后顾客转交了缶乐100张照片。卡布的成功概率测算下来大约在93%。为什么没有达到95%呢？——其实做到100%也是可以的，但是在大概在做了第10杯到第15杯的时候，这位顾客与缶乐谈妥把原来1.5～2.0厘米奶泡的标准提高到了3厘米，这样等于挑战了更高的水准。

通过这100杯卡布奇诺的实践，增加了缶乐与客户之间的黏性，更重要的是巩固了缶乐咖啡师操作技能的稳定性。

现在，缶乐咖啡师基本能做到没有滴漏。

融合的还有人心——有杯卡布的名字来自"她"！

缶乐的卡布奇诺中有一个特别款，需要单独推荐，那就是酒心巧克力卡布奇诺，类似于小时候吃酒心巧克力一样的感觉。

这款卡布有自己的名字！就是上面提到的挑战100杯卡布的客人，很喜欢缶乐"阿拉小灶"里的一款酒心巧克力卡布，所以缶乐根据她的英文名字"Yvonne"，把"酒心巧克力卡布奇诺"定名为"一卡布"，以感谢她对100杯卡布奇诺的挑战。

后来她身体状况不是特别适合喝大剂量的咖啡，缶乐又特地为她开发了一款属于她的咖啡，名为"PU布"，还有个英文名为"All in One"。这是集玛奇朵、可塔多、卡布奇诺于一身的有趣咖啡，咖啡因含量不高，却有浓烈而有趣的口感和造型，也是为纪念之前100杯卡布奇诺的故事。

这是缶乐和顾客的一个互动，大家一起挑战一种可能、挑战一种极限，且在这个过程中既提升了技能又拓宽了思路。类似的产品还有，上海甜小囡（黑糖上海奶咖）、三国演义（可尔必思乳酸菌饮品）等，都是为特定客人定制的非常规咖啡饮品。

一杯好的卡布奇诺，不仅要求咖啡和牛奶融合得好，还要融入人心，客人和咖啡师的心，都要有！

超前设计："预备役"的产品

只要咖啡店继续开，缶乐对于咖啡的研究就不会停，相信总有还未挖掘的亮点。比如，很多为人父母者带着小孩子来喝咖啡。有时候需要排队，小孩子难免会缺乏耐心，所以缶乐为他们开发了上面提到的"三国演义"，这是缶乐第一款小朋友专属饮品。

后来，缶乐又相继有了牛奶气泡水类的"夏雪"、把奶泡和巧克力冰淇淋做成"白羊座"的小甜食、为青少年设计的人生第一杯咖啡"初中"（可以随着年龄的增长减少配料，就会成为一杯真正的"成年人咖啡"）……超前的设计，增加了趣味性。

若干年后，说不定哪天，当某位客人带着自己的孩子走进缶乐，能喝到一款自己小时候喝过的味道，那种喜悦，可能会传递给她或他的孩子。这想想就很美好……

在缶乐，菜单上的每个品种标牌设置的离地高度，还可以是小朋友量身高的记录仪，小客人和不同品名的合影，是时光的缩影，陪伴他们的成长，是缶乐的梦想。

服务好年轻人，就是掌握了未来。

朴素的“朝”系咖啡

“朝”系咖啡源于日常咖啡。

为中国人寻找日常的咖啡

咖啡作为一款提神醒脑的传统饮料，在全球范围被广泛地喜爱。

缶乐自开业以来，都以“用世界的优质资源，打造中国人口味的咖啡”为己任。对多年来的市场调查发现：

（1）在像中国这样的咖啡新兴市场，由于咖啡馆的分布密度不高，咖啡爱好者的远程需求尚不能完全覆盖，对于远距离携带、长时间保存的咖啡，口味、品质的稳定性尤其重要。

（2）对于日常饮用的牛奶咖啡，则功能性需求更强，人们更直观地关心咖啡的口味，加之喝咖啡的节奏或时间的变化，以及改变咖啡口感的设备和条件限制，人们可以接受比较直接的牛奶咖啡口感的改变。

（3）在特殊情况下，以及应对多场景消费（会务等）的需求，大批量提前准备工作成为必然。

所以，日常的咖啡，必须要朴素，即“品质稳、可移动、口味佳、耐保存”。

源于研发内动力，掌握创新主动性

中式咖啡研发的探索之源，就是要研究中国人的消费习惯。

通过对市场需求的研究，缶乐尝试开发中式咖啡的想法逐渐产生，并被提上议事日程，产品的轮廓也渐渐地清晰了，即自主研发一款中国特色的、减少设备依赖的咖啡品类。

遵循初期先从辅材改进（当初主材咖啡尚未能突破）切入研发的构想，缶乐分析了当时市场上传统牛奶咖啡的品种，其普遍的特点是咖啡和牛奶的比重各有不同：不是牛奶味重，就是咖啡味重——哪怕是缶乐的"弄堂奶咖"都很难做到牛奶和咖啡的完全平衡。能不能找到一款，咖啡味够重而牛奶味也够浓香顺滑的日常咖啡呢？

创新源于传承

通过对世界范围内日常咖啡品种的搜索，缶乐觉得法国的咖啡欧蕾值得研究。它是在一份意式浓缩中，加一点热的（蒸汽）牛奶，客人甚至可以自己加。咖啡欧蕾由于牛奶介入得不多，咖啡也不多，所以不会太苦，是非常日常的一款咖啡，很简单，也不难喝。

上海是中国喝咖啡最早的城市，也是咖啡销量最多的城市。过去在上海比较讲究的涉外宾馆附属咖啡厅，提供给顾客的牛奶其实并不是牛奶，而是少量的淡奶油。淡奶油加入（冰的）美式，口感非常顺滑，且有厚重感。

缶乐借鉴法国咖啡欧蕾的制作工艺，参考老上海咖啡这种配料的方案，"今朝咖啡（Daily Coffee）"应运而生，其特点如下：

（1）兼顾牛奶和咖啡口味的平衡——运用鲜牛奶和奶油调和出一款调制奶，加热后直接和意式浓缩融合，它在提供适宜的咖啡浓度的情况下，又保证了牛奶的香浓，口感丝滑，是很"普通"的一杯"今朝咖啡"，**好喝！**

（2）"今朝咖啡"品质格外稳定，非常适合外带，甚至经过长时间的保存

（冷藏），咖啡的口感也不会发生变化。出品第二天，用微波炉加热，还可以和现场制作的口感保持一致。**曾经有顾客带了10杯"今朝咖啡"到苏州。**

（3）品质稳定，适合大批量出品，缶乐曾经创造65分钟出品105杯的"缶乐记录"。

（4）"今朝"的发音源于上海方言"今天"的发音，结合历史口味的延续，是一杯融入上海人文情怀的本土咖啡。之后，中式咖啡"迎春"的研发，也借鉴了它的辅料，冷热兼顾也是一绝。

"今朝咖啡"的趣味性：享受工艺变革带来的福利

"今朝咖啡"的命名是一个有趣的故事。

它是上海传统咖啡与咖啡欧蕾的结合，按照开发这款咖啡的目的，这个系列的英文名字先定下来了，是"Daily Coffee"，即一杯日常的咖啡。这样一杯天天都可以喝的咖啡，可以让人想到上海常发生的对话：

"今朝侬咖啡喫了伐？"

"阿拉今朝咖啡喫了。"

今朝，在上海话有特定的含义，是"今天（Today）"的意思。那，昨天呢？叫"老朝（Old Day）"。明天呢？叫"明朝（Next Day）"。

缶乐考虑要做出一个系列产品出来呢。

那"老朝"的口感应该是什么样的？"明朝"的口感又应该是什么样的呢？

"老"是以前的味道，相对来说比较浓烈，所以缶乐减少了水的比例，出品量会少一点，跟"上海奶咖""弄堂奶咖"的概念是一样的。

"明朝"是什么味道？缶乐从一首歌——《明天会更好》中得到启发，明天应该会更好，更好的意义是什么呢？是会有点甜。其实甜蜜确实是人们对美好生活的一种需求。所以借用"弄堂奶咖"平台型咖啡的概念，把咖啡里部分的水换成了米浆，米香版的今朝，就是"明朝咖啡"。

缶乐把咖啡基底换掉，换成摩卡壶做的咖啡——它和牛奶的结合是有焦香味的，俗称"锅气"，咖啡味显得更浓烈，还有一点细细的粉末感，然后再有奶香味，好喝的"百合"与"姜百合"就出现了。

缶乐在"朝"系咖啡里面又尝试加了百利甜酒，有咖啡香、有酒香又有奶香，那就今朝有酒"今朝醉"吧！

不止这些。

如果加上巧克力酱的话，就是"巧合"，"巧合"是热的。

那如果是冰的呢？那又要"碰巧"了。这是什么原因呢？因为缶乐冰咖啡用的冰都是特制的。冰巧克力的冰当然必须是巧克力做的。冰是非常宝贵的，一般只用于制作"巧拿铁"，所以如果有额外的巧克力冰，就碰巧可以做一款"碰巧"啦。

"巧合"是可以天天有的，但是"碰巧"不一定天天有。

朴素的价值观

在"朝"系咖啡的开发过程中，最难的是推广文案的创作，在咖啡也追求颜值的当下，做一款好喝而且好看的咖啡，是一般的追求。但是"今朝咖啡"却没有做到，它的颜值太朴素了，算是遗憾的美吧。

外在朴素，但有内涵。出于缶乐对中式咖啡探索的动因，凭借对"朝"系咖啡的辅料牛奶的改变，又拓展出"朝"系咖啡产品。所以从这个产品的开发、出品来说，是新工艺让一个传统产品重获新生，满足了众多客人的日常需要。

缶乐追求的就是这种简单朴素的纯真。貌不惊人、毫不张扬，朴素又有内涵的东西才是最好的。

一杯本土的"今朝咖啡"，是缶乐对中式咖啡的初探索。

储备的"阿拉小灶"

隐匿的咖啡店特色。

喝咖啡的"密码"

点"阿拉小灶"里面的品种，是有密码的。

"阿拉小灶是一个子菜单的名称，是隐藏菜单的合集，它不是一个咖啡的品种"，缶乐的店员每天都要向好奇的客人解释这个概念。

点单"阿拉小灶"有技巧：

一些老客人可以轻车熟路地喝到自己喜欢的品种；

如果新客人点到了其中某个品种的确切名字，缶乐会耐心地把这个品种的特点做详细的介绍，客人就能体会到专属咖啡的美妙；

如果新客人不能说出其中品种的确切名字，缶乐不会接受点单，也是不会推荐客人喝"阿拉小灶"里任何一款咖啡的。

原因是"阿拉小灶"的咖啡太多了，口味和口感的差异也很大，缶乐很难在不了解新客人喜好的情况下，从其80种以上的品种里面点到合适客人喜好的咖啡。

咖啡密码的"获取"

其实"阿拉小灶"的点单也不神秘，获取密码的途径，大概有几种：

（1）从大众点评网上去找一些菜单上没有，而被一些新老客人在点评文字里面评论过，写出自己的感受的咖啡，其特点和照片也有曝光。

（2）来店的时候，勤于观察别的客人喝的咖啡，主要是一些和传统咖啡"颜值"有差异的产品，比如"双子座""凌凌后""嗲³"等。

（3）来店的时候，留意缶乐现场展示的广告看板，一般一段时间会轮流展示2~3款新品，比如"茶系列""麦酱""PU布"等。

（4）明确地表达出自己喜欢的口味和口感，缶乐很乐意帮客人迅速准确地找到那款心仪的产品。

咖啡密码的"重置"

"阿拉小灶"还有一个升级福利，即由客人提特殊需求，缶乐负责研发。

缶乐很注意和客人的沟通。有一位英国客人，马克，他提出需求：要咖啡很浓，又要牛奶少。起初，缶乐没有办法提供，因为所有的产品都是定型出品的，但是他的需求被记录了。

这样的记录，触发了缶乐研发的灵感，针对其需求，缶乐在"弄堂奶咖"

这款平台型咖啡的基础上，充分利用额外的空间，借助独特的工艺标准流程，出品"三弄奶咖"和"四弄奶咖"。

于是，马克和其他有类似需求的客人都拥有了一杯属于他们自己的超浓咖啡。

咖啡产品的试验田

一个咖啡馆的基础运营，无外乎要做好两个"规划"：

一、产品规划；

二、经营规划。

缶乐的自留地

"阿拉小灶"是上海话。

以前上海的一些单位食堂，一般都会有"今日小灶"这个品类，每天不同的小灶菜谱是给特殊的客人享用的。缶乐借用了这个概念。

缶乐的产品有很多，多到菜单上根本无法全部列明。

到底有多少？简单估计有100多种，而且还在增加。

缶乐的常规菜单产品，不算冷热区分，至少有20多款——已经不算少。何况很多产品是独有的，名字也比较好听，或者说好玩，有的顾客第一次来会一个个问下来："这是什么？那是什么？……"等到最后一个问完，一般也忘了前面听到的那些品种到底是什么了。如果菜单再增加，势必会引起客人的选择困难，事实上这样的选择困难也实实在在地发生了。

为了提高客人的点单效率，加快店里的出品速度，缶乐把很多比较独特的产品隐藏于"阿拉小灶"中，大概80种以上的产品里有一些藏得很深的也更好玩的咖啡，冷的、热的；有气的、没气的；含酒的、不含酒的；含咖啡因的、不含咖啡因的……

产品规划的试验区

从开店伊始，缶乐就厘清了咖啡制作的两个重要技术概念，"口味"和"口感"的差异。

口味是主、副原料的配方和组合所产生的变化，比如，大米粥和小米粥的口味因为主原料的不一样而不同，但制作工艺和配方基本是一样的。

口感是在相同主、副原料的基础上，因为工艺改变而带来的综合感觉上的变化，比方说，大米饭和大米粥就是完全不一样的口感。

所以理论上讲，缶乐90%以上的产品是可以用店里现有的原材料来准备的，只是采取了不同的制作工艺，这样不仅不会增加原材料的备货成本，还给客人提供了更多的选择，当然，很多是有独特的技术工艺加持的，比方"PU布""三弄奶咖""四弄奶咖"等。

产品多样性的缓冲区

在中国，产品的多样性是商家要保证的，更是需要商家精心打磨、经过时间的检验、得到更多客人的认可后，才能完成的一个由试验到上架的流程，这个过程非常考验一个店的产品开发能力。

缶乐起初的产品规划，目标是清晰的，即集世界的优质资源，打造中国人口味的咖啡。这一直是缶乐的产品开发理念。然而，具体产品的开发，多数是源于在清晰目标的基础上，对一些模糊方向的探索过程，即相关灵感出现时即时的捕捉。可以说，新产品的开发思路是不断从模糊变成清晰的。

比如，缶乐的"盐汽水咖啡"，能充分说明这个问题。其研发过程，经历了气泡由不可控到完全可控、原料方工业罐装与现场制作保气试验；气泡咖啡能不能外带、中式咖啡加不加气泡水；各品种和口味气泡水的匹配等问题。从产品早期试验到最后成功上架，历经三年多才完成。

目前缶乐可以提供"嘿骑士""初梅""莫急""福气"等多种含汽水咖啡。

莫急

初梅

还有一部分不含咖啡的汽水饮料，也颇有特色。甚至，已经成功地将咖啡加注到汽水瓶里了，可原瓶销售。

目前，这些产品大都在"阿拉小灶"里面，作为"库存"产品。

运营规划的个性元

不管对目前的单体店，还是对将来可能有的多家店，"阿拉小灶"都是缶乐在产品层面，作为咖啡店延续运营的有益尝试，是产品储备的蓄水池，将来可以借以运营不同特色的门店。

举例说明，将来缶乐在某个地区，有A、B、C、D四个店，可以在每家店，除推出相同的基础款咖啡外，还分别提供不同品类的差异化品种，令每家店都有各自的特色。

更有趣的是，这些差异化的产品，还可以在四家店轮换着上架。这样既可以在不同区域内，满足大家对多种口味的需求，又可以带动更大客流的复购。A店的客人过一段时间，可以喝到B店的产品，C店的客人过段时间也可以提前尝到D店的产品。

举例说，在冬天，东北的门店就不用再出品冰的"初梅（乌梅汽水咖啡）"了，而同样的"初梅"完全可以于同期在海南大卖。

跨度再大点，在中国的门店出品的"姜糖炖咖"，过一段时间完全可以在澳洲的门店出售。

理论上来说，这样做既可以保证每一家店的新鲜度和热度，也可以让客人有更多的选择，同时会吸引新的客人。

如此循环，对咖啡师的培养也比较从容，短期内不需要培养4个全能型的咖啡师，而是可以培养甲、乙、丙、丁四个不同类型的咖啡师，到A、B、C、D四个店做巡回工作，这也有利于咖啡师的梯级晋升。高阶的咖啡师可以成为"全域型"选手，在A、B、C、D四个店做全部的出品也就游刃有余。

这样对于人才的培养和流转、对原物料的物流配送成本的控制也可以比较经济和更有效率。

经营拓展的预备役

随着技术和工艺不断地提高，针对市场的需求，或为了引领市场的发展，持续研发更好的产品，是对咖啡店而言，尤其是开一家可持续经营的咖啡店而言，必须要具备的能力。

做出会做的产品，而且做得很好，就能运营好一家咖啡店？

缶乐认为这是远远不够的。把不会做的产品做出来，还能使其成为被市场接受的产品，才是缶乐坚持的经营特色。

缶乐将不断研发出来的储备产品全部先放在"阿拉小灶"里，不作为一个单独的成熟产品，而是先为将来上菜单做一段时间的"路演"，目的是花更多的时间去打磨它，争取把一个品种做成品类，把"爆款"做成"招牌"，继而成为"经典"产品。

就像"朝"系咖啡和"短笛"，都是在"1.0版"升级到"2.0版"时才跻身缶乐菜单的。"朝"系咖啡，作为一类适合外带的、口感稳定的咖啡入席；"短笛"则作为缶乐店里最淡的一款咖啡上榜。

拾遗补阙有特色的产品，店铺才会脱颖而出。

咖啡店故事的花絮

一般客人都愿意到一家熟悉的咖啡店，或者说他知道一些"内幕"的咖啡店，这样的店中还有一些产品是"只有他知道而别人不知道的"，所以"缶乐"自然也成为了一个有故事的咖啡店。

对"阿拉小灶"感兴趣的新客人很多，但是往往他们点不到这里面的咖啡，原因是他们根本不知道它是什么。如此一来，客人对缶乐会有期待，或者说发现了再来的理由，不仅是好喝的咖啡，还有很多令人好奇的、感到好玩的东西：每一次都喝不尽故事，每一次来都会有惊喜。

"阿拉小灶"不仅是缶乐的神秘储备池，也是每个饕客梦想的咖啡理想国。喝过的老客人很愿意向其他客人或自己朋友推介里面的产品，还会把自己的秘密菜单娓娓道来，这些独特的产品也是他们对缶乐念念不忘的回忆。

设置"阿拉小灶"这个子菜单，增加了一个咖啡店的趣味性。

"阿拉小灶"的承诺：只要你想，就会有！只要够独特，就会有！

限定供应的那些咖啡

红豆沙咖啡拿铁是限定款。

限定款不是饥饿营销。

限定供应的部分"小灶"

在前文章节中提到，缶乐日常是可以保证90%以上产品的出品，因为那些产品都是可以用店里现有的原材料来准备的。

那么"红豆沙咖啡拿铁"应该是那不确定的10%里面的典型代表了。

中国人日常食用的很多食品都是从前自国外引进以后，经过中国的本土化改良，形成了中国人喜欢的口味、口感的。

在咖啡进入中国市场后，纯粹的经典意式咖啡和其他几个简单的基础品种是可以满足人们日常需要的。但中国人对饮食多样化的需求，超过世界上很多国家的水平，对咖啡也有这个需求。

缶乐始终认为咖啡和中国食材结合且互相融合的处理方式，是中国咖啡馆推进中式咖啡研发的一个非常重要的研发思路。

缶乐在探索的过程中，直接想到的就是把中国的日常饮品组合进咖啡，从而改变咖啡的口味，让更多的中国人喜欢喝咖啡。顾客可以从缶乐菜单中发现很多有中国本土元素的品种，比如"米香奶咖""酒香奶咖"等。

缶乐刚开业那段时间，正逢冬季到春节，于是缶乐想到了枣子、红豆、莲子、绿豆等，还尝试了莲蓉、栗子、玉米等，但是都不能和咖啡完美地结合，无法互相映衬彼此的口味。经过不断尝试，缶乐发现唯有红豆和咖啡可以互不掩盖味道，还能互相衬托香味的。

平日里，我们吃的红豆汤，都是有颗粒感的，如果去除红豆的颗粒，纯红豆汤根本没有办法使用，而借鉴在广式茶餐厅的红豆沙，那种几乎是没有颗粒感的处理方式产生的"沙感"令人回味无穷，红豆沙的概念就更适合作为与咖啡结合的原料。

当然，"红豆沙咖啡拿铁"不是这么简单就做成的。在研发过程中，缶乐碰到了很多问题，例如：怎么让红豆汤变成红豆沙呢？市场上曾经比较流行的破壁机，能够把灵芝那样比较难粉碎的食材"破壁"，用来做红豆沙应该能解决难题。

缶乐就用破壁机把蒸煮好的红豆汤变成厚厚的、极细的红豆泥，把这种红豆泥再调整成最能够和咖啡融合的红豆糊。

但红豆沙和咖啡融合也存在一个问题，就是红豆沙本身是不溶于牛奶或者咖啡的。于是，缶乐利用打发牛奶的空气的力量，借力于牛奶奶泡和咖啡的完美融合，使极细颗粒的红豆沙悬浮于牛奶咖啡之中。悬浮其实从某种意义上也是一种融合。

"敲重点"：这杯红豆沙咖啡拿铁，客人最好马上喝，因为那时是融合得最完美的时刻。

这样一杯经过了很多次试验才诞生的红豆沙咖啡拿铁，获得了很多顾客的好评。因为它好喝，问题又来了，有客人提出要外带给朋友喝。这杯咖啡经得起长时间的"转运"吗？理论上来说，时间长了是会沉淀的，但是无巧不成书。这些沉淀以后的红豆沙，只要做到足够细，最后和咖啡粉本身的沉淀形成组合，造就了一种类似于巧克力的口感。所以客人带回去以后觉得尽管分层了、有沉淀、奶泡也消失了，但"调一调"，依然别有一番滋味。

锦上添花的其他口味

由红豆沙和咖啡结合产生巧克力的口感，缶乐想到了又一款经典咖啡——摩卡。缶乐试验的"素摩卡"，就是用红豆沙来替代巧克力。只是这个产品，因为红豆沙在店里本身已经很稀缺，也是客人可遇不可求的了。

在红豆的基础上，缶乐陆续开发了芋泥类、芝麻类口味的咖啡。但同样受制于原材料的准备比较复杂，只能偶尔供应。

限供的秘密

在"阿拉小灶"里有一个公开的秘密，红豆沙咖啡拿铁只有每周五供应。

为什么红豆沙只会在周五有呢？

因为它的原料准备和制作工艺比较复杂、耗时。按照制作流程，红豆要炖、煮和粉碎。缶乐平时工作时间长，而且店内没有相应的制作设备。所以，只有周四闭店休息时，店中才有时间来准备红豆沙的原料，保证周五的供应。一般周五上午，喜欢喝它的客人都会来喝红豆沙咖啡拿铁。

这款限量款咖啡也算是缶乐给老顾客的福利，且是不加价的福利，它跟普通拿铁是一个价格。

感恩客人长期的支持和喜爱。

受限的是物料成本

按惯例，每周的红豆沙原料是制作一组份的，如果有老顾客提前预订，缶乐会多做一个组份，以保证预订的老顾客能够喝到。如果没有预订过，则先到先得。

不浪费是缶乐的一贯立场。尽管每次制作的实际成本并不高，但是因为缶乐有不推销的销售原则，所以一旦不能实现当日及时销售，尤其在夏天，原材料势必会造成浪费。所以，限定销售也是合理的选项。这样的产品，在缶乐还有很多，因为都不是主流产品，所以它们的销量都受到限制。

节约型社会的基础理念就是对食物的尊重。

缶乐认为，口味的变化更多来源于原材料的多样化和成本的增加。严控口味的变化，藏"芋见泥"这类特殊产品于"阿拉小灶"之中，也算是巧妙的经营策略了。

缶乐更强调源于工艺变化的口感创新。

受限的是时间成本

开咖啡馆要避免的不仅是金钱的浪费，更重要的时间的浪费。

缶乐曾经在新店开张的时候，尝试过一个星期内每天供应红豆沙咖啡拿铁，这给原材料准备造成很大压力，时间的成本太大了。

那能不能继续提高红豆沙咖啡拿铁及类似产品的产量呢？缶乐认为，这完全取决于时间的成本。

如果一周只销售一次的话，这些时间和原料成本就可以忽略不计，牺牲一点玩的时间、休息的时间，是回馈消费者最好的方案。如果天天准备相关的原材料，它的成本就是可以计算的，那这个成本就要计入产品的定价了。

受限的供应链保障

缶乐在开发产品的时候，始终是把供应链建设和保障作为一种基本方案考虑的，比如酸奶、酒酿、芝麻等都是外购的，绝不自己生产。

相反，如果因为原材料的准备比较特殊，没有办法做外购，或者这些原料需求量尚不足以外购的时候，就应该自己做，以降低成本。

如果，这些特殊的限定产品需要上架，就要保证正常出品，则要准备更多的原料和更多品种的原材料，势必引起成本的上升，定价也会随之上升，因此保证供应的代价就很大。

如果有更多的门店和更多的产品销量，就更考验一个品牌的供应能力了。

暂时，缶乐的"红豆沙咖啡拿铁"只能作为一款特殊的产品，限定供应。

限定供应不是饥饿营销

红豆沙咖啡拿铁作为一款特别的存在，自然是有"目的"的。那就是通过一个产品去增加客户黏性。

对此，缶乐并不避讳谈，对一家咖啡店来说，需要有客户的黏性，需要有客户的回头率，更需要有客户的关注度，就要跟其他店产生差异性，而且要有绝对差异产品的存在。

但是缶乐不认为这是饥饿营销，为什么？因为缶乐是在增加原料而不增加售价的情况下，出品一个公益性的创新产品来回馈客户。

缶乐认为：这是限定销售而不是限量销售。

中西合璧的"笛凡茶"

咖啡店可以卖茶，卖品质稳定的茶。

关于中国人的茶

中国是茶的故乡，中国人爱喝茶。

中国茶，一般分为：绿茶、白茶、黄茶、青茶、红茶、黑茶和花茶。

喝茶有一定的个体偏好，比如，江南的人爱喝绿茶；华南的人爱喝青茶和黑茶；北方人爱喝花茶……但随着现代社会的发展，这些特性逐渐融合了。而且，按不同节气选择不同的茶饮变得普遍了，春天喝绿茶、冬天喝红茶。当然也可以按照个人的体质和喜好来选择自己的茶。因此，在中国，茶依旧是最传统的饮品，也有最大的市场需求。

除中国外，世界上其他国家，大多喝红茶，还有类似花茶一样的再加工茶。

中西合璧的「太极」

相对咖啡而言，喝茶的方式比较简单，有的喜欢泡、有的喜欢煮，比较适合个人在家或办公室直接饮用。

如今，像华南地区喝"工夫茶"的冲泡方式，被越来越多的茶客选择，因为这样的方式可以让茶叶尽量均匀地进行萃取，尽量保持每一杯茶口感的稳定。但是，对工作节奏很快的现代人来说，这种好方法又相对太过有"仪式感"了。有时候，一壶好茶刚沏，就有事情外出，回来后，那壶茶已经"报废"了，未免太可惜！

既传承也敢于打破传统

缶乐创始人喝咖啡有40多年了，喝茶年头也不短。对于茶的选择和对于咖啡的选择一样，没有太复杂，就是得好喝。

20世纪90年代，星巴克刚来到中国的时候，大家都被其整个运营模式所吸引：很舒适的第三空间、不错的国际化消费体验……大家乐意在这样的环境里喝一杯咖啡，交流、消遣、工作。

除了提供咖啡，星巴克竟然也提供茶！当然只是一份袋泡茶加热水。中国人毕竟还是爱喝茶的。这样的场景，以前的茶馆可以提供。但现代人的生活、工作节奏都在加快，加之大城市的商铺租金压力，坐在茶馆专门喝茶，成为了奢侈的享受。

中国传统的茶馆越来越少了。

缶乐创始人曾考虑过开一家新式中国茶馆。区别于传统意义上的茶馆，给你一个杯，给你一份茶叶，给你一份热水，让你自己冲泡。但那样，每一杯茶的出品是不稳定的，一开始会淡，后来好喝，接下来越来越淡。如此推演下来不可行，遂放弃。

新式中国茶馆，或许可以借鉴工夫茶的冲煮工艺，即茶水分离的萃取方

式，使每一杯茶味均衡的可能性加大。新式中国茶馆可以让客人得到一杯不用自己反复冲泡而品质相对稳定的茶，客人可以坐在那里聊天、发呆、看书、工作，就像喝咖啡那样简单方便。

锲而不舍的工艺创新之路

制定试验目标

在缶乐开张以后，还有一个目标：出品一杯好喝的茶，且每一杯的品质是稳定的，可以多喝几杯，就像咖啡一样的喝法。

这样的茶，关键是要有稳定的出品品质。

用设备萃茶，工艺怎么实现，一开始缶乐心里没有底，也没有办法去参考学习。缶乐就直接用磨豆机、意式咖啡机来萃取茶，结果都不理想。因为半自动咖啡机是为萃取咖啡而设计，茶叶和咖啡在咖啡机手柄里面的表现不一样。萃茶的过程没有萃咖啡那么完美，每一次萃出来的茶都很淡，一个粉碗所用的茶叶，可以萃七八次，而且明显每一次味道都不一样，基本遵循中式泡茶的口感曲线，先淡后浓再淡，无法达成商业化出品。

后来缶乐陆续试验了很多冲泡的组合手法，各种探索或者说研发，一直断断续续在推进，但始终没有取得进展。

在新店升级以后，场地扩大了，在采购第二批主力咖啡机设备的时候，专门采购了一台磨豆机用来磨茶。可是，茶叶条索状的叶片结构和咖啡豆的表现不一样，所以新买的磨豆设备也不能磨茶叶。

萃茶项目暂停了，但是这个试验的目标却始终没有真正被放弃过，只要有一丝灵感冒出来，缶乐就尝试去突破。

再次制定试验目标

一个很偶然的机会，缶乐创始人在用摩卡壶做"摩都咖啡"系列的时候，想到能不能用摩卡壶来做茶？摩卡壶的温度相对比较接近咖啡机，压力相对意式咖啡机来得小，略高于常压而已。

是不是能够利用摩卡壶的特性——逐步增加温度，延长萃取工作的时间——达到提高萃取效率的目的？

当时，按照"DIPS"产品研发程序，缶乐做了以下尝试。

第一轮：由制定试验目标开始，设计试验方案，实施试验过程，记录试验数据，比对试验结果；

第二轮：制定新的试验目标，重复试验步骤；

第三轮：再重复以上步骤……

缶乐继续行动。

试验第一次直接使用茶叶，利用摩卡壶萃取茶原液时结果令人振奋。尽管萃出来的茶原液的浓度不够高，但是缶乐发现得出这个结果的关键因素是：茶叶已经在摩卡壶粉碗里面得到充分醒润。

茶叶得到充分醒润，才可以开始萃取茶叶中所含的有效物质，这一步类似于"工夫茶"的"洗茶"环节。

第一轮试验完成后，缶乐考虑到既然咖啡是颗粒萃取，要把咖啡豆磨成粉，那茶叶能不能也磨成粉呢？于是在第二轮试验中证明了茶颗粒萃取有效！

经过很多轮试验，缶乐找到了合理的茶粉颗粒粗细度的经验值，然后利用摩卡壶去萃取原液，效果非常好，基本上萃出了所需茶叶的有效成分。

为什么这样说？因为如果用萃过一次的茶叶末，再去萃第二次所获得的溶液，基本上已经没有价值了，这点和咖啡萃取的原理基本一致。所以缶乐推断第二次萃取是无效的，也就是说，第一次萃取基本上就可以把茶叶里面所需的有效物质都萃取出来了。

而且，第一次萃取所得原液的利用价值很大。

茶饮品研发成为可能

缶乐尝试对七种茶进行了萃取，均取得了完美的结果。

并利用萃取所得的各种茶原液，做了各种茶饮品的研发：

"笛凡"原茶：调整各种茶原液和水的比例，冲兑得到不同浓度的好喝的原茶；

茶拿铁、茶卡布：红茶、普洱、乌龙、黑茶都融合牛奶完成了适配方案，但是绿茶和牛奶的结合不可取；

"太极"：茶和咖啡都是相对焦苦的口感，两者是否能直接结合呢？缶乐测试后，得到了一个稳定的组合，就是冰茶加冰咖啡的"太极"——在茶味比较突出的情况下，咖啡就像一个幕后的英雄，慢慢地释放自己的焦香，来衬托茶的浓香和回味。

茶是中国的饮品，咖啡是西方的饮品，两者结合，中西合璧、刚柔并济、阴阳互补，很像太极！——这就是"太（完美）极（极致）"的命名过程。

并且"太极"由于茶品种的选择得当，"去油解腻"的效果非常突出。

进而有了"天秤座"饮品，是各种茶、奶和咖啡的组合，三种原料互相映衬、完美平衡。

> 🔖 **小贴士**
>
> 　　缶乐试验发现某些半发酵茶和全发酵茶与咖啡的配合更完美，目前最佳的选择是黑茶、普洱茶。

中式咖啡馆概念的轮廓

传承和创新

缶乐孜孜不倦地研究了两年的萃茶工艺，最后以朴素的摩卡壶来萃取得到茶原液，这个方法，可能会成为一种更标准化的商业出品方式。

这样制备中国茶，采取类似于意式浓缩的萃取工艺，可以稳定地控制有效成分的剂量，做到定量调配；通过水或牛奶等其他辅材的参与，在控制后期工艺的情况下，稳定地控制口味和口感，非常接近现代咖啡饮品的制售模式。

自此，茶客可以在缶乐随时喝到那杯自己喜欢的茶了。

新商业模式探索

中国的咖啡馆是不是应该卖茶？

当然应该卖！

中国的咖啡馆应该卖什么样的茶？

当然卖中国茶！

中国的咖啡馆应该怎么样卖茶？

完全可以像卖咖啡一样卖！

现在，喜欢喝茶的客人，随时可以到缶乐买一杯即饮的茶，无论从温度，还是口感，抑或是品种，都能找到自己喜欢的产品，就像喝咖啡一样，还无需等待复杂的冲泡过程，忍受不稳定的出品质量。

因为商业化出品，对茶叶的新鲜度、品质也能做到专业化把控，缶乐试图用更简单、更稳定的出品，让喝茶样式更好玩、环境更舒适、携带更方便，吸引更多年轻人来喝茶，满足更多中国人对喝茶的需求。在中国咖啡馆里，这些创新的传统茶饮品开拓了下一个不是主营业务的主营业务，而且是更适合本土市场的需求的饮品，有利于茶文化的新传播。

缶乐相信，中国茶品能够和咖啡完美地结合在一起，在一家中式咖啡馆内，各司其职，给顾客新鲜的口感、好喝的饮品。

亲民的价格召唤茶馆回归

基于对茶的了解和喜欢，缶乐通过制备茶原液的方法做茶饮品，实现了

"缶乐的传统就是不断地打破传统"的创新理念。打破传统，不是随意有个创意就叫打破传统，必须是对原有格局彻底的颠覆，同时又让传统得到继承，最后让结果获得重生。

目前，在茶叶采购成本较高，在平均2～4倍于咖啡价格的情况下，缶乐坚持把基础茶饮品的价格做到逼近经典咖啡的价格，非常亲民。

缶乐觉得，研究萃茶的两年，花的时间非常值，与此同时也对中国咖啡馆的概念慢慢地清晰了。缶乐认为作为一个本土企业，开发传统产品的全新销售场景和品鉴方法，是自己的使命，且更有意义。

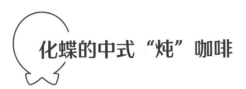

化蝶的中式"炖"咖啡

寻找中国咖啡新势力。

缶乐的中式咖啡

缶乐自开店以来，都秉持一个愿景：要用世界的优质资源做中国口味的咖啡。

以前，中国人喝的传统经典咖啡，都是意式咖啡、美式咖啡……从来没有"中式咖啡"。

那什么是中国人口味的"中式咖啡"呢?

其实起初在探寻中国人口味的咖啡时，缶乐也不是很明确的。

缶乐唯一能做的就是不停地探索。

初试本土口味咖啡

基于对"口味"和"口感"这两个概念差异的认知，缶乐早期对中国口味咖啡探寻的技术路线，落实在一些具有本土属性的咖啡品种的开发中，具体的操作思路是：

（1）放弃通过改变原料本身的品种，做差异性口味的思路，比如更换各种风味的豆子来制作同样的产品。

（2）聚焦于通过本土原材料的增加以改变最终产品的口味，比如红豆沙咖啡拿铁、米香奶咖、酒香奶咖等。

（3）研发某些专有技术填补品类空缺，比如冰澳·白、冰卡布奇诺、萃茶等。

有"舍"才有"得"，上面第二和第三条在缶乐开业后四年多的研发过程中被证明是正确的。缶乐不仅拥有了一些独门的技术工艺，还从开发品种上升到开发品类，比如茶、酸奶、汽水咖啡、冰沙等更宽泛的品类。

裂变源于积淀

国产不是原产。

正所谓"选择"比"努力"更重要，前期的研发过程，让缶乐获得了很宝贵的一个认知：制作工艺的改进和提升，可以产生更多技术裂变。

在更宽泛的范围中探讨什么是中式咖啡的时候，有一个问题常常需要首先回答，就是中式咖啡一定是用中国的咖啡豆吗？

缶乐的回答是：中式咖啡理论上没有必要一定用中国的咖啡豆，就像意式咖啡也不是用意大利的咖啡豆；美式咖啡更不会用美国产的咖啡豆一样。

缶乐秉承的理念是，用世界的优质资源打造中国口味的咖啡。所以应该跳开只使用国产豆的做法去研制中式咖啡。

创新有三步：传承、融合和突破！

缶乐会在日常工作之余，安排员工对咖啡理论进行学习，涵盖咖啡的一些基础知识、咖啡的历史、国外咖啡的各种做法。缶乐店员不仅要掌握这些基本知识，还会讨论一些具体内容的长处或短板，做到知己知彼、融会贯通。

通过翻阅资料发现，以前人们喝咖啡都是用煮的方法。煮是个传统方法，但是煮有一个比较大的缺点，就是直火加热温度不容易控制，不利于咖啡品质控制，既会有萃取不足的现象，也会有萃取过度的现象。这就对咖啡师的操作要求很高，咖啡品控的人为因素被放大了。

但是，在现代咖啡的制作工艺中，有了更多设备可使用，更多技术控制手段去介入。于是缶乐提出了咖啡萃取的基本观点：

在现代，除有特殊因素，一个合格的、有责任心的咖啡师，正常操作现代设备、执行合理工艺流程，不可能产生咖啡过萃的现象。

这个结论首先在缶乐一款具有中国元素的产品"姜糖炖咖"中得到验证。

制作姜糖炖咖啡，就是用摩卡壶所制咖啡液去炖煮姜和黑糖。这个炖的过程耗时三个小时以上，并没有发生任何问题，咖啡也不存在过萃现象。

> **小贴士**
>
> "姜糖炖咖"非常适合湿冷体质的客人饮用，以及在阴冷潮湿的天气品饮。

"炖"出平台型中式咖啡

在基础的理论探索完成以后，缶乐提出了把磨好的咖啡粉按照中国的食品制作工艺"炖"的方法来萃取咖啡原液的创新思路。

为什么缶乐用炖的工艺？

炖——是中国独有的一种食品制作工艺，中国人处理珍贵的食材一般都会采用"炖"取其原汁原味，比如炖燕窝、冬虫夏草、人参和制作名菜如"佛跳墙"等。大多数中国人小时候生病了，妈妈也会做个炖蛋。

炖是将"食物和水的混合物"放在水里隔水加热。如果是仅食物放在热水之上且只用水蒸气加热，那就是"蒸"。

"炖"的工艺有几个好处：

（1）通过加热非接触食材的水，可保证加热温度恒定在90℃到100℃之间，加热均匀且接近意式咖啡机萃取的工作温度。

（2）意式咖啡机是通过加压来获得咖啡浓缩液，做到快速出品，"炖"是用"时间换压力"，中国人的"小火慢炖，小火慢煮"式煲汤，就是用长时间的加温来激发食材之味的。

（3）半封闭的炖锅小环境，使得用来萃取咖啡的热水的蒸发损失量最小，从而让萃取的咖啡液浓度得到稳定控制。

由于西餐里面没有炖的工艺，所以缶乐找不到一个相对应的英文单词来表示"炖"这个字。西餐制作中与之最接近的是保证巧克力流动性的方法，但是这个方法的温度相对较低，不适合萃取。

平台咖啡概念再现

意式咖啡之所以能成为主流的咖啡品种，很重要的一个特点是它是一款平台型咖啡。也就是说，它是一个基底，在这个基底的基础上，可以通过各种工艺和辅料的融合，产生更多的衍生产品。这一点，像美式咖啡、土耳其咖啡或者越南咖啡都未能实现再进阶。

那么，缶乐考虑：中式咖啡能不能也成为基底型咖啡呢？

缶乐在炖出来的咖啡原液基础上，做了更多的再开发。

首款冰的清咖："无极"。

"无极（Zero）"就是让咖啡爱好者回到咖啡原点，体会咖啡的本味、真正的咖啡的香。

用九个字来形容这杯咖啡的感觉，会非常准确——"似是而非，淡而不乏味"。有点像茶，但它没有一滴茶；觉得它酸，但入口后完全不酸，只是苦，淡淡的焦香的苦；觉得它淡，但是喝完以后，口腔里咖啡的回味，非常的浓烈。

第二款热的清咖："芙蓉"。

起初研制做热的炖咖啡是失败的，但是缶乐没有放弃，持续地在调整，最后调制出了热的中式咖啡，定名为"芙蓉"。

芙蓉花是原生于中国的花卉品种，有点像小的牡丹，也有点像芍药，听上去很美，看上去更美。缶乐希望用"芙蓉"作为这款中式咖啡的名字，来彰显"出水芙蓉（荷花又名：水芙蓉）"出淤泥而不染的韵味——中式咖啡应该用中国的文化意境来诠释。

无穷后续：在最初的研制成功后，缶乐又推出了醉芙蓉、迎春、合气、海棠……

未来可能还会加一些中草药，当然是比较温和的中草药去研制产品。缶乐

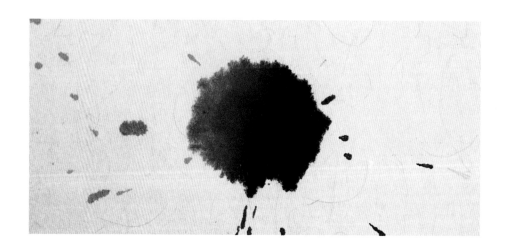

从药理学方面和专家做了一些探讨，更多口味的中式咖啡已经上架或在研发中。

现在，缶乐已经可以做出中式咖啡。

中式咖啡定义的标准

缶乐在推广中式咖啡的时候，经常会碰到一些很有趣的问题。

——中式咖啡是美式咖啡吗？

——意式咖啡、美式咖啡和中式咖啡有什么区别？

世界上以国家命名的咖啡品类，大多数都不是牛奶咖啡，意式浓缩、美式咖啡、越南咖啡、土耳其咖啡……都是这样。

在咖啡制作工艺上的创新，产生咖啡萃取方式的实质差异，出品一种基础型咖啡（或者可以这样理解：只有咖啡和水的最独特的纯粹结合），才可以成为一款以国家命名的基础咖啡品类。

由此，缶乐总结了中式咖啡定义的几个特点。

第一，中式咖啡应当是中国人研制的。

炖咖啡首先由缶乐研发成功，并获得客人认可，已注册了一个中式咖啡的商标"沁澈（意大利语Cinesso）"，即中国的浓缩咖啡，寓意是口感顺滑而回味悠长。

第二，中式咖啡必须是用中国人独有的制作工艺完成的。

意式浓缩是以摩卡壶为基础、半自动意式咖啡机为代表、以高温高压萃取方式制作的浓缩咖啡；

美式咖啡是以滴滤咖啡为主，没有压力、只有高温，相对萃取时间略长、口感比较淡的黑咖啡；

土耳其咖啡是用高温沙来加热萃取，以类似于烘烤、干蒸的工艺得到的咖啡；

越南咖啡是简单滴滤方式得到的咖啡；

……

而中式咖啡采用炖的方法，通过高温、低压、长时间地萃取获得保留咖啡原味的黑咖啡——这是中国独有的制作工艺。

第三，中式咖啡要符合中国人的饮食习惯。

中国人喜欢喝茶，全世界都知道。喝茶有好处，可以从早喝到晚。中式咖啡也应像茶，也应可以一直喝下去。

即使没有喝过咖啡的人，也能接受缶乐的中式咖啡，因为它很像茶，浓度合适，可以像茶一样，慢慢喝、慢慢回味。

这种高频、少量、多次性的"温补"方式更适合中国人，也符合中国人的饮食习惯。

第四，中式咖啡应该适合所有的中国老百姓在家里做。

甚至不需要专用的设备，自家一口炖锅，加上磨豆机、滤纸，炖完以后过滤出原液，把粉渣去掉就可以了。原液可以带到办公室里，加点热水，加点冰水，都可以。

而且中式咖啡很稳定，适合冷藏运输，可以外带、外卖，符合现代中国人的消费新习惯。

从以上这几点，可以证明"中式咖啡"实至名归。

中式咖啡的优点是稳定

中式咖啡非常稳定，不仅制作工艺很稳定，出品口感同样保持稳定。可以让咖啡爱好者每天都能喝到同样的咖啡，才是咖啡馆要追求的稳定品质！

缶乐可提供中式咖啡的1.5升装、3升装，还能出品适合家庭和公司的量贩装，大家一起喝，冷藏保存都不会影响口感。

因为中式咖啡整个的萃取过程已经全部结束，而且经过长时间高温加热灭杀了细菌，所以经较长时间的冷藏保存都不会发生变化，足见它本身品质稳定。

中式咖啡打开新格局

当下，海外咖啡巨头都把分支开到中国来了，那中国的咖啡业者，有没有想把分店开到国外去呢？如果要走出去，怎么走出去？出去还是卖那些经典咖啡在客场和对手同台竞技吗？

缶乐认为：**必须要有自己的核心产品，要有能够代表中国文化的咖啡产品输出，让世界的人民喝到中国咖啡。**

缶乐推出的这款中式咖啡，抑或可以抛砖引玉，引领咖啡的新势力，代表中国的咖啡出征世界。

 第三章

筹备一家
独立咖啡馆

开家咖啡馆的基础工作

咖啡豆和辅料的选择

意式咖啡不只是意式浓缩，在意大利咖啡馆，传统意式咖啡大致分为：意式浓缩、浓缩玛奇朵（少奶少泡）、卡布奇诺（多奶多泡），还有部分添加各种调味酒的咖啡品种。拿铁其实就是卡布奇诺里面奶泡比较稀薄的一种。

理论上来说辅料牛奶、奶泡的存在与否对咖啡是有影响的。越多的牛奶、越多的奶泡，对咖啡口感和口味的改变是显而易见的。所以不能片面强调咖啡豆在咖啡里面的作用，应该还要看到辅料的作用，哪怕是水的多少、水温的高低等。

咖啡豆在意式咖啡里面是重要的因素，但不是唯一的因素。要平衡、兼顾其他原料的辅助作用，成就一杯好喝的咖啡——这样的咖啡豆才是好咖啡豆。所以，如果只拿意式浓缩来评价咖啡豆和意式咖啡关系的话，就片面了。

意式咖啡本身是以拼配豆为主的。意式咖啡追求的精髓是口味（苦、酸、甜、咸）的平衡，而不是凸显某一种风格或者某一种调性。单一品种的咖啡豆很难实现自身的平衡，所以意式咖啡选择通过几种咖啡豆的混合实现互相之间口味上的取长补短，达到所需要的平衡。有些品牌甚至以7种咖啡豆的拼配来彰显自身对咖啡豆拼配艺术的把控能力。

随着中国咖啡馆的发展，咖啡的辅料不仅有牛奶，可能还有其他更多的选择。在缶乐，就有米浆、各种酒精饮料、汽水、红豆沙等，这些辅料或多或少影响咖啡的表现。找到辅料与咖啡的平衡，并采用特别的做法、工艺来保证其相得益彰才是合理的，而不是一味强调咖啡豆的重要性，以及咖啡豆的独特的风味。

咖啡豆和咖啡制作的关系

开家咖啡馆，咖啡豆的选择不会被遗漏，但咖啡豆的品种、产地、拼配风格、烘焙程度、风味……并不是本书讨论的范畴。

每家咖啡馆都有自己的选择标准，咖啡师的喜好往往决定了最终选择的结果。很难想象咖啡馆选择的咖啡豆连自己的咖啡师都不喜欢喝。

咖啡豆的选择

咖啡馆一般采用以下选豆模式。

一、定期、不定期收集各种咖啡豆作为自家的原料。

二、主推若干固定品种，定期引进特色品种丰富供应。

三、主推自己选择的咖啡豆，把主推的品种发挥到极致。

四、其他可能的方式。

选择能够代表本咖啡馆风格的咖啡豆，是终极的选择标准。以缶乐的经验来讲咖啡豆的选择，需要考虑以下几个方面。

（1）咖啡馆的偏好/定位。

缶乐的咖啡豆目前只提供一种配方，选择的标准是出于创始人对咖啡的理解，以及其对咖啡的喜好。每一家咖啡馆的选豆风格应该是有自身的独特定位的，能够代表咖啡馆对咖啡的理解，就像"字如其人""相由心生"一样。

缶乐对咖啡豆的选择，起初考虑到产品以意式咖啡为主，所以选择了传统经典的意式拼配豆，强调的是口感的平衡，苦、甜（回甘）、酸（极少）、咸、鲜（部分品种会有比较突出表现）都会满足，以实现产品是一杯醇厚的、香浓的基础咖啡为目的。

（2）咖啡豆的适用匹配。

缶乐的实践证明，咖啡豆的基础品质要好，更广泛的适用匹配性也很重要。目前，从使用摩卡壶制作的"朝"系咖啡，到最新的中式"炖"咖啡产品，缶乐所选择的咖啡豆都有很好的表现。

缶乐有100多种咖啡产品，仅使用这一种豆作为基础咖啡和其他所有原料的配合表现并不违和，甚至是相得益彰，也能说明所挑选的咖啡豆与辅料间的匹配性很重要。

（3）咖啡豆的连续使用。

咖啡豆的新鲜程度和萃取参数对咖啡产品的制作相当重要。

理论上，咖啡馆出于品控的要求，要及时调整磨豆机和咖啡机的相关参数。从客人点单的无规律和咖啡制作的多品种角度考虑，如果有很多种可选择的咖啡豆（哪怕是两种），咖啡馆也根本不能保证多种（或两种）咖啡豆使用的节奏同步，也就是说必然会存在某种咖啡豆用得快，其他咖啡豆用得慢且节奏无序的情况，如此咖啡豆新鲜程度的连续性就被打破了。这种矛盾在环境温度与相对湿度骤变时及季节交替时节会更突出。

从成本角度来说，使用更多种类的咖啡豆，不利于咖啡馆的成本控制和产品品质控制，甚至不利于咖啡师从技术角度把控产品质量，毕竟好的原料还是很重要的。

（4）咖啡豆的成本考虑。

缶乐对咖啡豆的成本考虑原则是**"大宗、可得、中高品质"**。"大宗"的产品才能够保证市场有足够存量，"可得"就是要比较容易采购到，买不到的再好也没用，并且选择"中高品质"表现的咖啡豆。

这是出于对原料采购成本平衡点的考虑。

过度地追求全球稀缺的原料、品质超群的质量、"惊为天人"的价格，不是一家咖啡馆的正常采购模式。

好咖啡本应日常，价廉物美也是中式咖啡馆的营商之道。

咖啡馆要自己烘豆吗?

烘豆的事情还是交给专业的人去做吧。

对一般小规模的咖啡馆来说，专注做好咖啡产品即可，没必要自己烘豆。

首先，没有这个时间去烘。

其次，现代社会中每个经济单元要发挥自己的"比较优势"，才有可能获得自己的竞争优势。

再次，烘豆期间还会产生一定的废气，对周边环境或多或少有一些污染，如果在没有合理解决方案的情况下，自己贸然去烘豆，对环境也是不友好的。

咖啡产业是一条生态链，生态链上应该有人种豆、有人做咖啡豆贸易、有人烘豆，有人做咖啡产品……其实世界很大，不要做自己不擅长的。换个角度讲一个咖啡馆也不可能什么都擅长。

未来，咖啡生态链可能会吸引更多的参与者，形成咖啡生态圈、咖啡区块链，甚至是咖啡元宇宙。眼光要放得更远一点，步子迈得更稳一点才能走在正道上。

所以，缶乐认为咖啡馆还是选择采购烘焙好的咖啡豆吧。

并且选择好的、非常优秀的供应商是非常关键的事情，把自己可能面临的风险全部在采购环节前解决掉——通过供应链的合作可能分担、对冲一部分在咖啡豆供应环节中的风险因素，比如市场价格波动、上游种植的不确定性、海外物流效率和成本等。所以，缶乐在咖啡豆的选择中，坚持选择一个优秀的合作供应商、选择一种稳定配方的咖啡豆，且长时间地使用这种咖啡豆，以保证自己全力去追求"做好咖啡"。这样做不但对品控有利，而且开发创新产品的成本也降低了。

当然，有的企业规模到了一定的程度，结合自身的能力和外部条件，建设自己全产业链的商业模式，也未尝不可。如果，哪一天没有了咖啡生豆供应，说不定还要去种咖啡豆，但那只是在极端情况下的故事了。

作为一家独立咖啡馆，缶乐专注于"做好咖啡"。

开家咖啡馆的前期投入

从一份咖啡豆到一杯好的咖啡除了咖啡豆的选择，还要经过很多的工序。开一家咖啡馆，硬件和咖啡师（软件）都是不能回避的要素。否则，商业化的咖啡馆和家庭制作咖啡就没有区别了。

咖啡豆选好了，咖啡制作场地和设备是硬件。

咖啡馆的硬件有很多种，不只局限于咖啡机，咖啡馆的装修、磨豆机等硬件就像舞台和道具，从侧面体现一家咖啡馆对风格与技术的把控能力。

有了咖啡豆和武装到末端的硬件，是不是还缺了点什么呢？

——对，缺了做咖啡的人！一杯有灵魂的咖啡，不仅仅出自咖啡的"搬运工"，一定是出自一位有灵魂的咖啡师。

咖啡豆、咖啡馆硬件和咖啡师，三者之间应该是一个平衡的三角关系，有关联、有互补。

咖啡馆硬件装备的选择

费用的"硬件"（选址与装修）

咖啡馆的选址重要性不需强调，各种各样的开业宝典里都会有详细的指导，选址、产品和经营理念避免错配才是需要重点强调的。

对于咖啡馆的选址，正所谓"酒香不怕巷子深"，人流量固然重要，但是一家咖啡馆能服务好的店铺目标客人数量往往才是决定这个铺位价值的最终标准。

当下，咖啡馆的装修风格也越来越被重视了。新一波的咖啡浪潮，把传统咖啡馆的概念向外延伸了，咖啡馆的社交属性被强化，咖啡馆也装修得越来越漂亮了，科技风、工业风、潮流风、家居风……各种主题，层出不穷。在店铺选址、室内装修方面的投入是咖啡馆前期建设中的硬投入，每家咖啡馆都要结合自己的喜好和能力量力而行，更关键的是还要和咖啡馆的创始人、咖啡师的个人气质相匹配，没有最好的，只有最合适的。

> **小贴士**
>
> 传统建筑内的选址务必考虑上下水、动力电的容量、后续改造以及装修和维护的成本与使用便利性。

资产的硬件

咖啡馆的设备是固定资产投入。这些设备一般包括磨豆机、咖啡机、冰箱、制冰机、洗杯机等。这些设备的选型，往往跟咖啡馆创始人的眼界和格局有关系。好看可以是先决条件，但肯定不是硬指标。价格合理、性能稳定才是硬道理，在选择设备的普遍性原则里，性价比往往是第一个需要考核的标准；使用的稳定性和好用程度，往往是第二标准。

设备的基本考虑常受限于最初的预算，如果预算充足并对设备的造型有特别要求，那就忘记投入产出比的概念，放飞梦想吧。

> **小贴士**
>
> （1）如果预算和场地允许，洗杯机是一个非常好的帮手。
> （2）避免"伪"科技含量高的设备诱惑。

耗材的硬件

咖啡馆其实是一个简化的餐馆，所以瓶瓶罐罐不会少，还有"十八般兵器"要准备，以及装点环境的小玩意儿等，都需要咖啡馆创始人、咖啡师亲力亲为地挑选，趁手、喜欢就是硬道理。

> 🎗️**小贴士**
>
> 对食品安全、环境安全和使用安全的影响是选择设备的底线标准。

咖啡馆的软件系统储备

从咖啡豆到咖啡产品，全自动咖啡机就可以完成了，那为什么半自动咖啡机依旧是咖啡馆的主流设备呢？

答案很简单：因为有咖啡师。

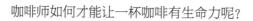

咖啡师使用配套的机器设备萃取出咖啡原液，并和相关辅料配合，做出客人喜欢的咖啡，期间可以有很多精彩的变化。比如说，普普通通的拿铁咖啡，可以做成丝滑口感的，也可以做成超低温口感的，更可以加上其他原料做成特殊口味的，这些处理一定是有咖啡师参与的。

咖啡师如何才能让一杯咖啡有生命力呢？

对于每一杯咖啡的特定配方和制作工艺，咖啡师要做到尊重产品的生命力，强调过程的执行力，珍视个体的创造力，甚至实现销售的驱动力。这些细微的过程就是咖啡被注入灵魂的过程，咖啡师就是这个过程的实施者。

咖啡师的作用，是在变量和变量之间，以及变量加变量之后，获得一个相对恒定的、接近于常量的"类常量"。那才是一杯品质稳定的咖啡的基础因素。

所以，好的咖啡馆应该给咖啡师一个舞台，而不只是给予一个局促的工作空间。

运营的成本和费用控制

咖啡馆前期投入的"硬件"成本支出可分为费用、资产和耗材三类。其中的耗材硬件，是本节要特别阐述的。

在一家咖啡馆里，除了咖啡豆这个主要原材料，其他所谓的耗材中占比最大的就是牛奶和包装材料了。

牛奶支出是"可控"成本

牛奶的采购成本其实在咖啡馆的成本中占比很高。如果拿铁需求量大的话，牛奶消耗就很可观，毕竟拿铁是一份咖啡融合五份牛奶。而且牛奶还不便宜。

咖啡馆可以使用的牛奶，以保存方式大致可分为鲜牛奶和常温奶。在鲜牛奶供应链覆盖的地方，建议选择新鲜度比较好的易打发鲜牛奶。

牛奶的口味也不尽相同，尤其在打发后牛奶会略微变甜，当然这种甜味不是添加的糖分，而是牛奶加温以后的乳糖对口感的影响。

缶乐的一款咖啡"可塔朵"，因为追求咖啡和牛奶的平衡，所以可以用来评估各种牛奶的口味。在试验中采用同样的手法、同样的配方来做这杯咖啡，有的牛奶可以让这杯咖啡显得苦，有的却可以让这杯咖啡显得略甜。

参考所选牛奶的特性，兼顾自身咖啡品种与牛奶适配性，咖啡馆选择牛奶的品种就方便多了，这样也便于控制牛奶的采购成本。

此外，开发更多不需要牛奶的咖啡品种也是减少牛奶消耗的好方法，而且不喝牛奶咖啡的消费群体还不小。缶乐有汽水咖啡系列、中式"炖"咖啡"无极"和"芙蓉"、咖啡冰沙"凌凌后"系列等。

所以，牛奶的支出是不能节约，但可以控制的成本。

消减定制品，节约费用

咖啡馆一定要有定制耗材吗？不一定，这个耗材的费用可以节约！

缶乐从开店之初到现在为止，没有使用印制商标的杯子，一直采用商标贴纸来控制费用，别看每个杯子几毛钱，但是它的消耗量大呀。

对于独立咖啡馆来说，定制杯子的成本是很高的。考虑这个问题，不能仅仅看它定购到一定量以后价格的诱惑，和定制纸杯带来的品牌效应，更要考虑其他因素，比如印制商标的杯子，起订量很大，存放大量纸杯的库存成本就很高，尤其在像上海这样铺位租金高的城市，如果产品销量没有那么大，先不说仓库租金压力，后续物流配送成本也是很可观的。随着咖啡研发品种的增加，不同的产品的杯具选择就是一个新难题，都是定制款的话，上述矛盾会更突出。

缶乐认为，所有这些被归于"耗材硬件"的选择，本质上都是同样的问题。比如，缶乐的餐巾纸起初没有印制商标、包装袋至今也没有印制商标……这些都是从节约费用的角度考虑的，要懂"舍得"。

缶乐创始人认为必须节约这些隐形费用。从方方面面节约，才能把自身产品的价格做到物美价廉。

缶乐坚持认为，**成本可以控制，费用必须节约**。

降本增效是永恒的话题，无需多言。

咖啡馆和咖啡师

"缶乐或许是一家难以复制的咖啡馆。"

——是运作模式独具一格？还是因为产品要求太高？还是与客人们关系太融洽？

缶乐咖啡可能有一些门道。

咖啡馆的人力资源配置

对于一家独立咖啡馆而言，要实现自己的发展目标，仅靠创始人单打独斗维持咖啡馆长效且正常的运营，肯定不是长久之计。所以，创始人拥有深远的思路，且有前瞻性眼光和布局是至关重要的。预测并制定咖啡馆的人力资源配置是前期重要工作之一。"带兵打仗"要求的是"精兵良将"，要充分思考如何去挑选、去培训优秀的咖啡师团队是重中之重。

缶乐当初只有创始人独自在岗。由于多家自媒体自主宣发，门店热度突然飙升，一度导致咖啡供不应求，客人们为了喝一杯咖啡排队2~3小时已成日常。那么门店需要在短时间内招到能长久共事且理念相同的员工已是迫在眉睫之事。创始人亟需确保在契合的岗位上，配置合适的员工且人尽其才，达到"1+1>2"的效果。

缶乐认为门店的咖啡师要做到精准的技术复制，并且让一家店的经营风格、操作流程、产品质量在新员工加入后依旧保持统一，在招聘与培训上就要严格把关。在员工入职前，就必须制定好独特完善的人力资源架构体系。

从企业人力资源角度分析，人力资源规划、招聘与配置、培训与开发、绩效管理、薪酬福利、劳动关系管理是准备扩充团队之前必须整理清楚的内容。解决咖啡馆当前问题，满足对未来的发展需要，保证咖啡馆目标的实现，以及规划员工未来发展的最优化路径和目标等是独立咖啡馆创始人需要以经营一家正规公司的方式去落实的系列工作。

缶乐一直认为，企业提供的薪资待遇，应该保证员工有比较体面的生活状态，且正常缴纳五险一金、意外险等综合费用。这是咖啡馆对员工应该承担的社会义务，也是员工应该享有的权利。

在缶乐，新员工通过逐步学习店内各项"专、精"咖啡制作的技术、交流对不同咖啡的独到见解、探讨咖啡馆后续发展方向的思路和规划等，就能快速寻找到自身价值定位和目标追求，其自身在缶乐的角色定位也就一目了然了。

缶乐认为中式咖啡馆，要做到配合中国人对咖啡饮用习惯的转变、做人们爱喝的咖啡是需要长时间努力和积淀的。对自己产品的坚定自信、对自己愿景的绝对坚持，也是缶乐意图注入每一位员工心中的理念。

"天下事有难易乎？为之，则难者亦易矣；不为，则易者亦难矣。"

人的性格比经验更重要

优先选择有经验的咖啡师是不是招聘咖啡师要考虑的重点？

缶乐认为这不应是最先考虑的问题。在一家拥有约70%熟客的店内，在确保稳定的出品品质的前提下，咖啡师的综合能力显得尤为重要。这70%的熟客不仅仅是面熟，客人们的姓名、工作、爱好、饮食习惯都需要牢记于心。

缶乐认为在招聘考核的过程中，新员工能否发光发热、充分融入店内、能否被客人信任、被熟客接纳才是至关重要的。缶乐认为新员工有服务意识、愿意去与熟客或者潜在客人主动沟通，在短时间内记住客人的长相与爱好，用自己乐观正向的性格去服务客人，才是最值得被邀请加入团队的因素，也是日后能充分融入团队的重要特质。这一点，是缶乐招聘新员工的底层逻辑。

相反，对于有经验的咖啡师而言，改变自己原有的咖啡制作技术风格和流程是有一定难度的。假如新员工带着从前工作历程中养成的习惯性动作和以往的咖啡基础认知入职，而且门店尚未发现其习惯与认知与自身不同或已发现但尚未协调统一的情况下就让新人制作产品，或许就会导致一家店内出品质量有差异。

缶乐认为，这样的新员工可能更需要封存曾经的所有技能，从头来过，与店内的咖啡师不断交流，在思想上、认知上、动作上进行统一与磨合，严格执行店内的操作流程，做到思维模式、工作形式、操作方式的统一，才能更大程度地提高新员工独立出品质量并且保持质量稳定。这一过程也许比较漫长，很考验咖啡馆和新员工的耐心和意志力。所以说，选择比努力更重要。

因此缶乐需要员工符合的基本要求有：

（1）身体健康重品德，五官端正有气质；

（2）乐观开朗好性格，耐心坚定硬作风；

（3）勤劳善良肯动脑，待人接物巧沟通。

咖啡师是咖啡馆的灵魂

是什么信念能让员工下定决心，坚定不移地投身工作？工作强度高却孜孜不倦地奋战一线，或许是对咖啡的热爱、或许是对工作的负责、或许是对事业的冲劲。如果员工还在迷茫，那或许需要让他们以客人的角度去体验整个流程，设身处地地去感受咖啡店带给客人们的快乐与满足。

缶乐希望让员工去感受客人们排队等待时的急切、感受客人们在点单时候的纠结、感受客人们看到不同咖啡的惊喜、感受客人们等到属于自己那杯咖啡时的满足、感受客人们对每次出品稳定的安心——或许就会正视并明白自己岗位

的重要性。

　　缶乐希望让员工知道这是从事咖啡事业的全新征程，以敬畏和坚定的目光去注视，以稳健且积极的心态去面对，在工作中找到自己的准确定位，耐心地完成每一项工作任务，勇于承担责任，敢于为自己的奋斗目标迸发热血，才能让理想在现实中找到归宿，并以此成就自己的一番事业。

　　这才是缶乐咖啡师入职之后的成长之路——敬畏、耐心、忠诚、责任、沟通、合作与创新。

　　缶乐认为员工就职于中西文化结合体的中式咖啡馆，立志于将服务与品质结合且置于最高位，是一场人生的奋斗，更是在传承一种文化、一种精神。

咖啡师的培训

高标准的咖啡师培训目标

培训=培养+训练，是指通过培养与训练使受训者掌握某种或多种技能的方式。

缶乐认为一名咖啡师的培训目标如下：

√ 了解丰富完整的咖啡知识

√ 严格执行店内标准化流程

√ 提升每杯咖啡的出品速度

√ 加强咖啡师场景演说能力

√ 稳定每杯咖啡的出品质量

√ 定期通过店内的咖啡测试

√ 增加咖啡师综合业务能力

√ 完善咖啡师个人目标规划

通过以上内容的学习训练，并得到工作能力充分的提升即可称为咖啡师培训。

如何进行咖啡师培训？

如何定义"标准作业指导书"？

如何让新咖啡师从思想上、认知上、动作上与老员工磨合与协调？

如何让新咖啡师完成思维模式、工作形式、操作方式上的认知统一？

......

在缶乐，一位老员工想分享他自己的故事以向大家阐明培训意义。

良好的开端是成功的一半

若要让新咖啡师从思想上、认知上、动作上与老员工保持一致，那么需要刚入职的新咖啡师在第一时间内不接触任何与出品产品相关的操作，而需要积极配合店内老员工完成相应的助手任务。要知道再简单的事情，要完成得有成效，也得下功夫。

在这段实习期内，新咖啡师需要完成以下内容。

理论用于实践

从认知上来说，在新员工对门店的菜单、流程与理念都只有浅层了解的情况下，仅靠培训是很难达到事半功倍效果的。产品线长、品类多等特点无疑是增加培训时间和内容跨度的"堵点"，仅靠死记硬背也只是解决问题的低效办法。

——该如何让新员工快速了解店内品类？

——了解产品的开发逻辑很重要。

在知道产品制作要求及配方的同时，更应该去了解它的背景故事及其演变历程。只有从产品的源头出发，了解每杯咖啡所解决的需求点，才能更高效地帮助新员工认识咖啡品种。而熟知咖啡的开发逻辑更是能帮助新员工在后续为客人点单时，更快、更精准地找到最符合客人需求的那一杯咖啡——这才是事半功倍的解决办法。

所以在缶乐，为新员工设计了从产品初知、熟知到深知的对应环节的培训内容。

首先，老员工会详细地介绍不同咖啡的特点以及类似产品之间的关系，提高新员工对于不同咖啡品种从产品介绍、开发目的到口感变化的初步理解。

然后，对于其中的重要知识点——如不同的主辅材的比例调整，不同咖啡满足不同口味的需求，相关特性的浓与淡、多与少、有与无等组合逻辑关系——都要有更清晰、更深刻的阐述。通过这种方式让新员工在后续工作环节做到得心应手。

最后，好记性不如烂笔头。新员工要以书面记录的形式，整理润色并撰写

相关产品的背景介绍、产品故事等，有时候还会被要求撰写店内部分产品的技术文件或操作流程文件，以便帮助新员工尽快掌握众多产品的业务知识。

有了这些扎实的产品知识，新员工将会在后续工作中受益匪浅，以最直观、扎实的方式尽快成为门店中真正成熟的咖啡师。

实践化为理论

由于新员工对于店内工作动线、操作流程不熟悉，起初发生与老员工配合的失误是难免的。为避免因为沟通不到位而发生营业事故造成更大的损失，咖啡馆的管理者应该重视新老员工磨合提速的问题。

——该如何让新员工快速进入工作区？

——制定统一的操作规程，固化动线流程很关键。

新员工首先要不断观察老员工的工作动线与操作流程；然后，通过容易上手的工作，总结出作为助手需要完成的辅助工作内容和在规定营业时间内的工

作重点；最后，将实践化为理论，整理出自检任务以及工作步骤的轻重缓急，并完成书面操作规程的修改编撰。

在新员工完成辅助工作的过程中，需要严格执行"看、听、想、说、做"：

（1）看：观察培训咖啡师（老员工）所有原物料的使用情况，观察客人区的整洁情况。

（2）听：不错过任何一条指令，及时回应培训咖啡师（老员工）的要求，保证正常出品是第一顺位。

（3）想：根据运营情况预测何时应准备什么原材料，什么情况下培训咖啡师（老员工）会需要什么工具……预测培训咖啡师（老员工）每个动作的下一步要做什么，才能让自己跟上快节奏的运营并尽可能避免纰漏的产生。

（4）说：一旦遇到原材料即将耗尽的情况，提前告知培训咖啡师（老员工），保证节奏不被打乱的同时，及时配置补货，保证正常出品。若发现异样情况及时汇报，会商解决改进方案。

（5）做：迅速且稳妥地完成培训咖啡师（老员工）指令，做每一步骤的时候心里要有分寸，不做多余的事，也不偷工减料。

学而不思则罔，思而不学则殆

在缶乐，新员工在培训的时候不仅要精准、快速、高效地执行指令，更需要学会观察与思考，有效接收结果回馈并迅速展开总结，按照事前制定的预案、基于制定好的流程和优先级顺序开展工作。

新员工在实践的过程中需要时刻提醒自己，对于没有把握的事情，要学会先反馈、得确认后再执行，做到令团队成员"省心不担心，安心才放心"的效果。

"纸上得来终觉浅，绝知此事要躬行"，有了老员工总结出的经验控制点，新员工会了解到自己也能通过反复实践取得成功，再不断改进、精进提炼，再去完成进一步的工作内容。

这只是刚开始。

在缶乐，有很多流程上的操作规则需要掌握：如何在纸杯上贴商标、如何洗器具等；从点单、出品到打包的沟通技巧与收银操作规范；从原物料准备清单到咖啡萃取流程和咖啡制作流程……

新员工甚至可以通过长时间的训练以及实践，基于相应的规范流程去尝试总结出更优的操作动线、流程及其操作细节，并更新操作程序文件（要求越详细越好，越严谨越好）。

通过对细节的不断实操训练，缶乐的新员工会渐入佳境，完成属于缶乐的标准化操作规范学习，挑战更高阶的岗位。

量变到质变的飞跃

不断学习操作流程和撰写更优化的内容，会使新员工的培训从量变达成质变。时间能让新员工对客人从生疏腼腆成长到坦然应对；撰写并对比操作规程，也能让新员工从点单时手忙脚乱成长到咖啡制作安排井井有条，虽说有时仍会有些慌乱但也能化险为夷。

基于如此扎实的理论和实践培训，入职一段时间后，通过店内考核的新员工就可以操作咖啡机了，这也意味着更艰难的一个阶段正式开始了。

"不积跬步，无以至千里；不积小流，无以成江海"，这里给大家举几个店里的培训的案例。

案例一：稳定的意式浓缩

有人说："只有做好咖啡基底，才能在此基础上做更多、更好的改变。"缶乐用了2000多杯意式浓缩去堆积新员工的萃取量，使其形成肌肉记忆。比如，按照当日当时的空气湿度、温度、磨粉的用量、萃取时间进行记录，以确认湿度、温度是否影响出粉情况，并拿出对于出粉不同状况的解决办法来保证出液时间，也同时达成了对稳定操作的深入理解。

在缶乐，新员工需要满足这一条件，才可正式出品店内的黑咖啡类产品。

案例二：合格的牛奶打发

牛奶打发融合也是至关重要的技术。通过长期的观察，结合先前的理论知识和所了解到的手势进行实操，在1天内用完1箱12盒牛奶（为了避免训练造成不必要的食品浪费，可使用已超过保质期的牛奶）。新员工在指导下不断地调整手势，用堆量去体验蒸汽棒在奶缸中切割的感觉，感受更改奶缸倾斜的角度让牛奶在缸内旋转的变化过程，观察合格的奶泡因为足够细腻而波光粼粼的感觉。

案例三：澳·白的出品周期

结合稳定的意式浓缩萃取和牛奶打发技巧，在后续30天的训练中用每天一杯自己喝的澳·白，不断研究奶泡与咖啡融合是否达到缶乐"浓一浓"的标准。

> **小贴士**
>
> 开始所有工序前，先了解工序的定义很重要。有针对性、目的性地训练可以达到事半功倍的功效。

在最后需要与店内资深咖啡师同时出品一杯澳·白进行对比，也请老客人现场品鉴，查缺补漏——只为做出那两杯几乎一致的澳·白。

新员工在完成这一系列考核后，才可正式开始出品店内的牛奶咖啡类产品。

案例四：全系列产品制作

这里想给大家展示一个店员"小孙"讲述的发生在缶乐店内的真实故事。

一天午后，来了两位客人。开始他们还在门口对着手机寻找着，大概是在看门头的商标吧。"是这里，是这里！"女士轻声地呼叫道。

可下一秒她看着手机中的照片，沉重地对我们说："我是来还心愿的。"这句话引起了我们的注意。只见照片中，是那位熟悉的老外公！鹤发银丝、神采奕奕，穿着整洁得体，挺拔地站在吧台前。

这是2019年，老外公与我们的一张合照。

2019年已经86岁的老外公到现在（2021年）已经有88岁的高龄。

前几个月，老外公还坐在我们面前谈笑风生。

但此时，面前的女士已泣不成声。我们都知道，老外公不会再来了。

"我给你们做两杯酒香奶咖吧，这是老外公最喜欢喝的咖啡。因为老外公，曾经我们特意立下规定：80岁以上的老人、两位加起来160岁的老人进店不需要排队。老外公每次都是很稳健地穿过人群，来到我们跟前点一杯酒香奶咖。一半今天喝，一半明天喝。我们都知道，我们都熟悉。""爷叔"（指缶乐创始人）说着就着手准备了起来。

喝罢，几经交流，两位特殊的客人平心静气地离开了。我们了解到老外公是在2021年5月底走了。因为子女在外国又正当疫情，他们得知消息后回国还需隔离14天，直到隔离解除才能着手操办老外公的身后事，接着又立马赶来我们店里。我们想：或许是老外公在弥留之际，子女询问他还有什么心愿的时候，老外公说，'想再喝一次酒香奶咖'，他们才会来到店里还愿。"爷叔"再次哽咽又强压着让自己镇定，郑重其事地说："做一个善的人，多好！小孙，给我做杯可塔朵吧！"

这杯咖啡是我之前始终无法过关的一个品种，我一直都有一个不得而知的点，导致我没有通过最终的测试。那天，将成为我突破最后一杯无法出品的咖啡——"可塔朵"的最后一搏。

因为"可塔朵"是一杯每个人每次喝都不一样的咖啡；一杯咖啡师每次制作时心理状态都不一样的咖啡；一杯浓烈但又无限向着每个人口感平衡靠拢的咖啡；一杯真正的咖啡师和客人心灵交流的咖啡；一杯真正有灵魂的咖啡。

此情此景，我想，在"爷叔"如此激动的时候，我可以为他制作一杯强烈、浓厚、突破他原有极限标准的、属于他此刻心情的"可塔朵"。

"我决定，你可以正式出品'可塔朵'了……""爷叔"一口气喝完后又说道，"人生很难遇到悲喜交加的日子。今天，是的！"

那天是2021年6月30日，我入职岔乐整两年。

这类事情不常见，我也不希望再发生。但新员工需要找寻到那个合适的时机去突破自己。在此之后，店内的所有咖啡品种我都可以正式出品了，我成了一名真正的咖啡师。

经得起时间磨炼的咖啡师

正常营业期间，店内咖啡师之间的配合在不减缓出品速度的同时，还要精准把控产品的质量，让客人更快地拿到一杯好喝的咖啡，才是培训的最终目的。

期望新员工要像雏鹰一样，把一次次从悬崖上坠落当作历练，期待着自己终有羽翼丰满、展翅高飞去成就更好的自己的那一刻。

新员工要一直用敬畏的目光正视每一项任务，"行百里者半九十"是对每个阶段培训咖啡师的劝诫。从实践到理论、从理论又到实践、从量变到质变的突破性的精进，使出品质量从波动达到稳定，才是与时间交换的艰苦训练的成果。"千磨万击还坚劲，任尔东西南北风"，学习要如诗人所赞颂的那般刚毅。

一名优秀的咖啡师，必须脚踏实地地前行，埋头苦干、厚积薄发，更重要的是选对前进的方向。缶乐也会不断承载新鲜血液，传承优秀精神，奔赴远方，追寻理想——"做人们爱喝的咖啡"。

咖啡制作和设备布置的动线组合

操作流程和动线设计是一家咖啡馆永远回避不了的问题，任何咖啡馆，任何作业形式，尤其是操作区域，都需要有个合理的设计方案，做好合理的布局规划。在上海，受制于铺位的租金压力，一般独立咖啡馆都不大，犹如"螺蛳壳里做道场"，其流程与动线更是值得讨论的。

缶乐创始人熟知一个产品从原材料、附件到成品的每一步准备、每一个关键节点的控制及全过程生产的周期安排均应融于日常工作的布置中，所有的流程设计和制造过程的动线规划，都是服务于这个过程的。所以在开店之初，缶乐就充分考虑了这些问题。

初时缶乐的店面非常非常小，但再小的空间也能实现最大的利用。

解剖单动线："麻雀"设计

缶乐最初选址在地下一层的小店，室内面积只有10平方米整。

虽然面积小，却也隔出了1.5平方米的小仓库作为原物料仓储空间，剩下的8.5平方米里，还留了3平方米给客人，也就是说操作区域只有5.5平方米。这个5.5平方米的布局是缶乐创始人自己设计的。

别看面积小，5.5平方米里也有乾坤。它里面有2个卧式冰箱（冷藏和冷冻），有一个制冰机，有一个双头半自动咖啡机，有一个大水斗，还有一个独立小操作台。麻雀虽小，五脏俱全，一个咖啡馆该有的东西全有了，咖啡师的活动范围就只有1平方米左右了。

这种情况下，动线设计原则是"人不动"，需要的时候只转身，所有的东西都要够得到。设计的咖啡制作操作台面要刚好够用，大概只有咖啡机前进深25～30厘米，左右长90厘米的空间。

为咖啡师留出的移动区域，严格来说只有向后50厘米，向右150厘米左右，在这样一个60厘米宽的"L形"通道中，是可以把所有点单、制备原料、出品和清理的工作统统做完的。

在这样一间10平方米的小咖啡馆里，原有的动线设计已经是很完美的了。虽说工作强度有点高，但是效率接近顶峰了，单人咖啡馆单日出品各式品种咖啡达到160杯，也就是说如果是工作10个小时，平均3分钟一杯，200杯封顶了。后来，缶乐的一些产品因为火爆，造成客人长时间排队。客人排队一个小时喝一杯咖啡很正常，排队三四个小时都经常发生。

虽然这样一个极简的动线安排，起初的优点是节约场地（租金），在出品品种和杯量不多的时候，比较有节奏、有效率且经济，但是经过一段时间的营业，随着出杯量的提高，它的缺点也暴露了。

分析原因后发现，受操作台面积的限制，原材料在做完一杯后须完全归位，要把牛奶、酸奶和其他预制半成品等原材料放回冰箱冷藏或冷冻。一般，咖啡机的操作台下面会安放一个冷藏箱存放牛奶，但是，缶乐有独特的制作咖啡冰块的冷冻柜（布置在工作通道另一侧），加之制作所有冰咖啡所需独特的冰块预装杯的存放和再准备，还有酸奶咖啡的作业区移位和酸奶存放产生的各种额外的重复取放动作，影响了效率，增加了工作强度。

独特的产品，形成了缶乐和其他咖啡馆不一样的产品动线（规划）需求。起初的动线设计方案，仅仅考虑了出品一般咖啡品种的咖啡师动作线路特点，并没有结合缶乐独特的产品结构特点。在缶乐的独特产品结构特点凸显和出杯量提升后，原动线的局限性就限制了效率的提高。

动线改造，适应制作流程

为了稳定的产品品质，咖啡馆的动线设计要兼顾营业高峰时段的出品能力，还要结合产品结构来考虑"两条动线和一个匹配"：

一条动线是咖啡出品的流程，即从点单、制作到出品的员工动线；

另一条动线是结合咖啡馆产品的结构特点的产品动线；

一个匹配是指上述两条动线的有机匹配模式，必须考虑到营业的峰谷时段。

所以，按照"DIPS"产品研发程序，重新调整缶乐的动线方案。

在保证出品稳定性的前提下，增加员工，调整工作流程，改善产品结构，优化每一个操作环节的辅助工作的需求。

经过调整以后，接待顾客点单、部分咖啡品种的前期辅料准备、一些特殊产品（比如酸奶咖啡）的制作、咖啡冰的预制等全部从主力咖啡师操作流程中剥离。

同步进行新咖啡师培训，在缶乐也是一个见缝插针的流程。

经过动线和流程的改造，缶乐达到了单日出品278杯的峰值。

这里需要强调的是，缶乐认为，咖啡萃取和牛奶融合的过程，必须是一个人完成的，不能分割。

有些店会把萃取咖啡和牛奶融合分给两个人完成，这是缶乐不主张的。因为每一杯咖啡的牛奶融合过程是个有逻辑、连续过程，而不是简单地往咖啡里倒牛奶，也不是拉个花就行的。这个过程的衔接，往往决定了牛奶咖啡的融合质量，甚至对咖啡液的表现也有影响。如果把这个有机的过程拆开，可能会发生两个作业不同步的问题，即咖啡萃取快、牛奶打发慢，融合过程就会在意式浓缩油脂消失的咖啡基底上进行；若牛奶打发完不及时融合，奶泡和牛奶又会分离了。

所以假设萃取是等时的，融合是不定时的，势必因一个步骤的耽误，影响整个产品出品的质量和效率。

升级双动线："麻雀"组合

缶乐在升级店铺的再次装修时，结合自身产品动线的需求，设计了全新的流程和动线布局，在33平方米的店铺内，保留了15平方米操作区，预见性地设置了5个工位。

咖啡馆的设计，尤其是工作区在设计的时候，是要为将来的增容做预留的。缶乐的这个预留中增加了一整套设备，以保证两个咖啡师都有自己独立使用的设备，可以完整出品一杯咖啡，这是其他独立咖啡馆很少见的。

整个操作区域的设计目的是要达到"可定、可动"。

可定，即每个工位都可以独立完成相应的咖啡出品，设备的摆放考虑到不同产品对原材料的使用特点，分区存放；任何员工的作业过程中不会因材料拿取影响其他员工的作业程序，做到互不干扰。

可动，指在不增加人员的情况下，通过合理分配出品品种和节奏，员工在不同工位移动可以产出不同品种的咖啡，且不会干扰其他工位的员工作业程序。其中，加宽作业区使通道宽度为90厘米是缶乐的解决方案之一。

通常，缶乐的两个咖啡师，有一个负责接单做总调度，并参与部分预先安排的相应产品的出品；另一个就在操作台上根据调度指令专心制作咖啡。每一个员工的产能都发挥到了极致。

咖啡馆的动线、流程设计方案，一定要考虑到实际需求，没有固定的标准，只有更好的安排。从某种意义上说，岛式的咖啡吧台就很好，操作区全部放在中间，咖啡师可以任意移动，围着它转。客人可以清楚地看到咖啡师的作业过程，但是这样的布置比较占地方，在寸土寸金的上海对独立咖啡馆不太适合。

应对营业高峰，动静结合

缶乐的双动线设计，达到日出各种咖啡共260杯的业绩，虽然没有创出新纪录，但是完成这个目标的作业是轻松的。

瞬时随机订单最高效率已经由原来的21分钟出品20杯，上升到26分钟各种咖啡共出品34杯。针对团购预定订单，达到65分钟出品105杯的速度。

咖啡馆的峰值出杯量有两个概念，一个是突发的大单引起的高峰，另一个是持续的客流引起的高峰。

突发的大单引起瞬时高峰

有客人突然点各式咖啡共20杯——原则上咖啡馆一般不建议这样点咖啡，因为当完成最后一杯咖啡的时候，第一杯咖啡其实已经过了合理的最佳品饮时限了，但如果顾客确实是需要那么大的量，怎么办？

咖啡馆最好建议客人选择某些比较稳定的品种作为订单组合。这样出品速度也比较快。那就需要咖啡馆的产品线比较丰富，有牛奶的、没有牛奶的；有打奶泡、不打奶泡的；甜的、不甜的产品都要有。

应对这种突发大单，可能造成后续订单阻塞、客人排队的情况。缶乐的预案就是分工：其中一个咖啡师留出一台机器专门做大单；另一个咖啡师就做后续订单并适时补位准备大单的原物料。这种方案既依赖两个咖啡师的默契配合，也是有两整套制作设备的好处。

这样的设备配置保证了设备运行的合理高效，对缓解营业中瞬时高峰压力的作用非常明显。

持续的客流涌入

对于持续的客流涌入缶乐的解决方案就是，一个人负责接单，并做统筹安排；另一个咖啡师开足马力，全力以赴保证订单咖啡的制作。

前文提到过的特殊的"午间的菜单"，其实也是解决这样状态的方案。在极度忙碌的时候，缩减产品，把那些影响效率的产品全部下架（包括酸奶咖啡、摩卡），就能提高效率。当然，有两个咖啡师以后，这个"菜单"本身就被下架了。

缶乐坚持认为：高效的流程和动线设计，是提高出杯量的基础。同时，在合理的时间内做到最好喝且出品最快，那才是最大出杯量的意义所在。

也就是说稳定的高品质出品是咖啡馆不需要讨论的基础原则。

广义营销和狭义营销

营销不是推销，以时间换发展

一家咖啡馆开门迎客卖咖啡，就是销售自己的产品，难免要做营销。

做好咖啡，顾客好评，就是完成了最好的营销。

广义的营销应该是市场营销（Marketing），一些相关的基础理论比如所谓的"4P"，Price—价格、Place—选址、Product—产品、Promotion—促销，都是营销的着力点。

一家咖啡馆把咖啡努力做好（Product），是分内事；把价格做到物超所值（Price），要看经营目标；加上选址的问题在开张之前已经落实了（Place），所以营销就显得很有内容可以实践了（Promotion）。

推销是把自己的产品吹得天花乱坠的，就像马路边摆摊的游商。"吹"，终将把自己"吹爆"。

市场营销包括品牌宣传、公关、促销、活动等一系列的营销行为。简单的，比如配合一些特殊日子，做一些应景的宣传推广；做一些产品赠送或者附加产品的赠送等，都是一般意义上的营销概念。

营销更多的是涉及一家咖啡馆的战略定位以及采取的一系列解决方案，营销最高境界的出发点应该是"不求回报"。

企业定位和产品战略是营销的基础

缶乐把自己的企业形象定位在"做好咖啡"。这里面有两个层面的解释，一则是"做好的咖啡"，另一则就是"把咖啡做好"。

为推广咖啡消费文化在中国的发展，缶乐的企业愿景"用世界的优质资源，打造中国人口味的咖啡"连续三年被一些主流媒体作为上海咖啡行业的代表进行报道（这些媒体包括"新华国际""央视新闻""上海电视台"等）。同时，在上海城市纪录片《玉兰之城》里面，缶乐也作为上海咖啡馆的代表出镜。

这说明缶乐作为中国上海的咖啡馆，有明确的企业定位和产品战略，本身就是非常好的营销方案。缶乐将其付诸行动，孜孜不倦地推进这个战略，开发了众多本土特色的创新咖啡和中式"炖"咖啡，就是印证了做对的产品和合理宣传相得益彰。

"免费"的营销才是好营销

不求回报的营销也不需要花钱，价廉物美，远近悦来。缶乐认为，与其花大钱做营销，还不如把自己的咖啡做好，把自己的咖啡价格做得更有性价比，让消费者得到更多的实惠，这就有了"口碑"。如果要让"口碑起飞"，也是需要每一单、每一杯认认真真做出来的。这才是营销的秘籍。

这些免费的宣传，还包括积极配合一些自媒体的宣传、表达正确的观点、传递正确的信息、不哗众取宠地美化自己……

"错配"的狭义营销

相反，狭义的营销一味地追求出费用做宣传，去博眼球、抓流量。至于采取一些违反广告法规和城市市容管理条例的"小动作"，比如贴小广告、发小卡片等，甚至去"跑街""扫楼"打扰人家的正常生活、工作秩序，就不属于做正面的营销了，是在做负面的营销。这些费用的支出，非但没有转化成销售利润，反而可能导致真正弄巧成拙的损失。

狭义的营销有时还被理解成刻意地"炒作"，以期一下子爆成网红咖啡馆，快速收回投资成本，这是一种急功近利的方法。经营者在计算盈利点时，往往忽视了如何打造自身的产品实力和经营实力，那其实不是有利于一个小企业、一个新企业或者一个有生命力的企业稳健发展的。

预计的事情并不是100%会实现的。

产能和营销匹配的基础逻辑

坦白说，营销的最终目的就是为了获得销量，不管是线上的流量，还是线下的流量，消费者的关注度都需要最后转化为一家咖啡馆的销量，才是营销的最终结果。这个转化理论上不会是全比例转化的，更不是匀速的。

同时，一家咖啡馆能不能达到既定的产能，或者说这个产能的变化过程，是不是能和营销的节奏相匹配，才是考验这家咖啡馆的经营能力，以及检验营销效果的最后标准。

有的是准备好了产能，但是花钱买了流量，却没有达到预期效果，损失惨重；有的在产能不足的情况下，突发瞬时流量的暴增，却不能满足客人的需求，最终得罪了消费者，甚至以次充好，砸了自己的招牌。这些都是不可取的。

曾经有一个公众微信号推荐缶乐之后，顾客开始排长队，有的客人喝咖啡要排队三四个小时。缶乐的咖啡师就在现场反复劝导大家不要排队，喝一杯咖啡不值得排队那么长时间，造成了大家时间的浪费，也令咖啡师很内疚。

这就是缶乐当时的小铺子的产能还没有跟上暴增的需求，造成客人长时间排队，甚至损害了老客人的利益——他们也抱怨，很"气愤"有一两个礼拜没有喝到心仪的咖啡了。

所以，一家咖啡馆，尤其在开业初期，应该是尽量去争取客流的自然增长，应该是根据自然增长的流量去逐渐匹配相应的产能扩张，保持循序渐进式的发展轨迹，毕竟独立咖啡馆的体量摆在那里；而不是刻意（甚至付费）采用"炒作"方式透支存量需求，获得超出产能的爆发式流量，导致自己对经营的判断失准。正所谓"风物长宜放眼量"，稳健的经营作风永远是追求供需平衡的。

关于缶乐营销策略的一些问答

1. 如何看待大众点评网上的顾客评价？

答：大众点评网目前是独立咖啡馆自我营销的主渠道。大众点评网的评分体系，使其不可避免地成为潜在客人接触咖啡馆的主要方式。同时，大众点评网也是咖啡馆"被动"处理公共关系事务的一个平台。

缶乐顾客评论区的内容中有一个非常有意义的数据：缶乐近5年的销量达到18万杯左右，评价有5400多条，客户反馈率约3.0%。

从这些评论里面，确实可以知道客户的反馈，但是有更多的（97%的）出杯量缶乐不清楚客户的反馈是好还是坏。所以，对缶乐而言，长期坚持物美价廉的好喝咖啡原则，才是更靠谱的营销策略，关于做好这一点始终不能松懈和放弃。这才是缶乐得以长期获得大众点评网高分值评价的原因。

既然说大众点评网是咖啡馆处理公关事务的平台，就不得不谈客人的"差评"。缶乐对客人给出的差评能够接受。初步统计，差评大概在5400条里面占100条，也就是不足2%，总比例还是很低的。

对差评，缶乐现在秉承一个处理原则：不回应，但是会复盘自省。咖啡师们会检讨自己做得好不好，如果确实是咖啡师的原因，就应该赔礼道歉。但是，如果审核结果是咖啡师并没有做错，只是没有满足客人的个人感受，那就只能以"有则改之，无则加勉"，绝不怼客。缶乐愿意接受各种意见，服务好目标客户一直是总的营销策略。

按照ISO9000的质量管理体系要求，对一个企业的产品，客户满意率做到99%，应该是可以接受的，当然目标可能是99.9%。

2. 如何看待小红书平台的作用?

答：小红书平台不是客户评价平台，它更接近于用户（商家）发布自己声音的舞台。

随着经营时间的累积，缶乐逐渐形成了自己的中式咖啡馆经营理论体系和中式咖啡产品结构的理论体系，包括对世界的认知、对咖啡的认知，而且都在不断地提高。

缶乐觉得应该在某些可以对外宣传的自主发声的平台上，做一些关于中式咖啡馆思想的推广、产品的推广，告诉大家缶乐在做什么事情。所以缶乐在小红书平台上有自己的企业账号。

做一个"新的"传统行业，也应该秉承与时俱进的态度和做法，采用一些新的、符合年轻人特点的传播方式。抓住年轻人的心才能抓住未来，这也是缶乐一直坚持的观念。

3. 缶乐为什么不做会员卡?

答：各种形式的会员卡都是为了增加客户黏性的有效手段。但会员制模式是要花大量的精力去维护这些会员的组织运行的。目前，缶乐没有能力做，而且目前还不需要这样做。因为缶乐只有一家店，每一个客人都会得到尽可能的优质服务和完美出品保障。

现在，缶乐还要锻炼的是员工在现场和客户互动的能力，要用心记住这些客户的喜好，而不是说只通过一张卡、一个号码来冷冰冰地记住。现场互动在无形中拉近了店员和顾客之间的距离，也是每个店员需要培养的销售技巧。

如果将来缶乐有更多的店，理论上来说确实是需要会员卡以满足客人的移动需求。到那时候我们有足够的运营成本和能力，才能靠组织架构来保证这些客户得到足够的照顾与关心。

相信到那个时候，缶乐一定有更好的营销策略来解决这个问题。

4. 缶乐为什么不卖周边产品？

答： 参考国际品牌的经营实例，周边产品的销售是一项非常好的营销策略。不仅能推广品牌文化，还能建设品牌的生态圈，更能长期培养客户的忠诚度。

其实缶乐已经在做一些周边产品开发销售的探索实践。但是，缶乐有一个原则：不做"生意"，缶乐只做自主开发产品的销售。

换句话说，缶乐把周边也看成是联动产品的开发，而不是仅仅买来成品再贴标出售。

在周边产品的开发上，缶乐创始人更坚持培养自身的设计研发能力。例如利用自己做皮具的爱好，通过不断地试制样品，压缩打样、制版的成本，从而探索什么周边产品更适合配套缶乐品牌。目前已经有一杯咖啡装的小提包投放市场，反响很好，完成了销售目标。

以时间换发展，缶乐一直在努力。

5. 缶乐如何看待同行探店？

答：缶乐欢迎其他咖啡师到店里来交流，这是很好的推广缶乐理念和产品的营销活动。

缶乐自创立初期，就有做示范性咖啡馆的设想，即**要做咖啡师的咖啡馆**，这样一个目标和缶乐创始人的年龄及阅历有关。

既然接受大家来交流、尝试和品鉴，缶乐就有一个标准：如果客人亮明咖啡师的身份，就可以做全方位的技术交流；如果只是咖啡爱好者，则更适合做概念交流。

对于咖啡师，基本上采取全平台、全产品开放式交流。但是缶乐非常反对的是，无节制地购买咖啡却浅尝辄止，余数丢弃的做法。

原因有二：一则，一杯咖啡的判断，不能仅凭一两口就能体会，完整的全过程体验很重要。像缶乐那杯"EMC^2"的"爱因斯坦"咖啡，往往令人"觉得初尝很平庸，所以错过了结尾的精彩"——只有从头喝到尾，才能体会它"人生滋味、先苦后甜"的感觉；二则，作为一个食品行业从业者，不尊重食物，是做不好食品的。

秉承开放的态度，缶乐欢迎技术交流，但是对于浪费食物，对不起，缶乐反对，而且坚决地反对！

　　同行不是冤家，正常的同行交流，对彼此都是很好的营销行为，更有利于促进中国咖啡的升华。

中式咖啡馆的创新动能

创新咖啡在中国

原动力

中国人对饮食的多样性需求结合各地的特性选材，催生了同一种食物令人眼花缭乱的多种烹饪方法，也成就了千变万化的中华美食。中国人是最懂美食的，这句话一点也不过分。

很多中式食材是舶来品，比如辣椒、番茄、土豆等，经过先人千百年的改良革新成为现代餐桌上的美食。

基于当今中国更广泛的对外交流，同为舶来品的咖啡有着强劲的市场发展势头，中国咖啡不仅要满足外国人在中国的生活和工作需求，也让更多的中国人开始喜欢品饮咖啡了。

强竞品

咖啡作为舶来饮料，在中国这个以茶为最大需求和供给的国度里，无论是在品种、品饮方式还是消费群体上，都比不上茶，因此，以其原有的配方和口味原封不动地照搬外国咖啡，发展缓慢也就在所难免了。

参考中国"新茶饮"的发展态势，要在饮料品种的增量市场上争取更多的新消费人群，发展有新意的咖啡品种也是必经之路。

众对手

在中国的咖啡城市，尤其在上海，成千上万家的咖啡馆扎堆竞争发展，一家咖啡馆若是没有独特魅力是很难生存下去的，所以咖啡师们使出浑身解数打造自家的特色产品。

"人多成事"是中国市场发展的一个鲜明特色，同行扎堆竞争发展的模式，在各行各业都存在，充分的竞争造就了许多行业的翘楚，同时也反哺了市场的发展。

作为一个极富餐饮文化基因的民族，将来中国咖啡还要走向世界。

时代呼唤着中国的创新咖啡。

传统的形式创新

谈到创新咖啡，一般会提到选用不同品种、不同产地的咖啡豆或辅料。比如某家咖啡馆可以提供多少种不同的咖啡豆，这些咖啡豆后面还有很多特别的"寻豆"故事，这些咖啡豆能表现什么独特的风味，或者将某些辅料进行替换之类。但万变不离其宗，在这些思路下出品的咖啡依然是拿铁咖啡、美式咖啡……这些形式上的创新，并没有脱离传统的咖啡制作技术，只是更换了原料而已。

谈创新也不能天马行空地发挥，也不是说咖啡里加一个东西，就是一种创新，比如一些"新式的咖啡"，不过是在一杯美式咖啡里放一片菠萝、放一片黄瓜而已，都仅是形式上的"创新咖啡"。

——那有没有脱离形式的创新呢？

——有！

相对于传统的意大利咖啡，澳洲的Flat White（澳·白）咖啡就是一种创新，尽管它依旧是牛奶加咖啡的配方，仍然属于拿铁咖啡的范畴，但是它通过咖啡和牛奶的比例调整，通过对制作工艺和出品标准的固化，成为世界范围内接受的一个新式咖啡品种。这就是不流于形式的创新。哪怕它是的创新方式简单，但是市场的认可证明了一切。

所以，严格意义上的创新，是在传承的基础上，运用新思维改进原有的东西，创造出新的事物，并且获得市场的认可。

从创新咖啡到咖啡创新的进阶

创新应该是制作工艺的改进和提高，甚至是工艺的革新、发明。

创新咖啡只是狭义的咖啡品种创新，咖啡创新是关乎整个咖啡行业的广义的创新行为。

广义的咖啡创新应该指整个咖啡行业的战略规划的创新，不仅包含咖啡品种的创新，还应该包括咖啡馆经营模式的创新以及整个咖啡行业制作技术的科技革命。关于这点本书后续内容中会做更详尽的前瞻推论。

缶乐针对中式咖啡的积极探索，就是广义的咖啡创新，每家中国本土咖啡馆都有自己创新的原动力、方法论和目标，甚至国际品牌咖啡馆都纷纷入局"中式咖啡"，可谓"八仙过海，各显神通"。

创新咖啡之源是传承

传承是咖啡创新的基础。作为一家咖啡馆，如果要做创新咖啡，首先要自问：对传统经典的咖啡定义是否理解透彻？对传统的技术能不能做到举一反三？传统的咖啡品种能不能出品稳定？经典的咖啡产品能不能做到极致？

若只是机械地从奶泡的厚度来定义卡布奇诺、拿铁和澳·白三种咖啡的区别，那就显得太简单了。试问，在奶泡计量厚度以外的咖啡和牛奶溶液里面，打发牛奶的作用如何体现呢？牛奶咖啡的香浓醇厚口感为什么会变得水水的呢？

不同品种的咖啡，牛奶比例不同，却做出了同样容量的杯型有可能吗？

同样品种的咖啡放大杯量出品是否考虑了咖啡和辅料的比例被破坏？它还是原来的咖啡吗？

要回答上述的问题，就要做好对这些传统的经典咖啡定义和制作技术要领的理解与掌握，再来融会贯通谈创新。

如果，确实市场存在特别的需求，咖啡师可以运用对传统产品的定义和制作技术要点的真正内涵，改进某些元素，固化新产品的名称、定义、技术流程和出品标准，做出创新的产品，得到市场的认可，就是在传承基础上的创新了。

缶乐的弄堂奶咖系列、"朝"系咖啡都是这个标准的创新产品。

创新咖啡的技术基础

善于发现市场的空缺，善于发现客人需求的蓝海，探究其产生的原因，通过潜心的研究，实施大量的技术方案的试验，找到令前人失败的短板，组织力量实现技术瓶颈的突破，最终取得崭新的成果，是咖啡创新的必要过程。

只是在美式咖啡里面放点气泡水，就叫气泡美式，这算创新吗？不算。那创新太容易了，就跟在塑料尺上面加一个手表就称发明了一把新的计时尺一样嘛。

设计创新咖啡是一家咖啡馆的日常工作，要善于捕捉突然闪现的灵感火花。缶乐一直把研究如何突破中式咖啡的研发工作，作为日常思考和推进的事务，经过多年的思索，在2021年中缶乐首创的全新萃取工艺的中式"炖"咖啡，就是很好的佐证。它一经推出，广受好评，单一系列品种日销最高达到44升。

咖啡创新应该是融于咖啡人血液里的基因。

创新咖啡的本土化

咖啡的本土化发展始终是每个国家咖啡业者孜孜不倦的追求。世界上有意式咖啡、美式咖啡、土耳其咖啡、越式咖啡等，无一不是各国本土化创新的结果。中国作为饮食文化发达的国家，对美食的理解和要求非常高，结合中国人的口味需求开发咖啡品种，即结合本土元素的咖啡创新也是一条必经之路。

因此，本土化的产品选用本土化的原料，与经典的咖啡结合的一些制作方式，也是一种创新。比如，缶乐有"笛凡"萃茶咖啡、红豆沙咖啡拿铁、酸奶咖啡之类的创新品种。虽然酸奶不是中国独有的，但是意式浓缩咖啡和酸奶的结合，缶乐是首创的。

但是，这种本土化咖啡品种的创新，不能只是简单的原料叠加，要做到本土原料和传统经典咖啡的融合才是这类创新的关键，达到"你中有我，我中有你"，相得益彰的融合状态，才是一个比较高层面的本土化咖啡创新。

创新咖啡的中西合璧

有的创新咖啡突出趣味性，看上去很幽默，引发一定的热度、流量，就像一些为搞笑而搞笑的文艺作品一样，缺乏真正的主题内容和积极的引导作用，经不起时间的检验。如果，只是用一个竹制的杯子装咖啡，就算中式咖啡，那就肤浅了：这只是一个容器的改变，是一种以制造话题、制造流量、制造热度的模式来做的一些"伪创新"。

咖啡是舶来品，真正有价值的咖啡创新应该要做到和中国人的生活融合在一起，和中国餐饮文化融合在一起，互相学习、互相补充；达到西为中用、中为西用的中西合璧的境界。

缶乐的"笛凡"萃茶咖啡，是用西式的摩卡壶做中式的产品；缶乐的中式"炖"咖啡，是用中式的工艺和中式的器皿来做西式的产品——这才是中西合璧的咖啡创新实践。

还有，"太极"是茶和咖啡的组合；"天秤座"是茶、牛奶和咖啡的组合；甚至如咖啡、姜和牛奶的"姜糖炖咖"等本土化品种，都是中西合璧的创新咖啡。

任何创新，都要考虑到它的可持续性、可复制性，尤其是食品，尽量不能有所谓的秘方。同时，食品安全必须是思考问题的底层逻辑，要经得起市场的监督，要敢于放在阳光下曝光，而且这样更有利于创新咖啡的推广。流于表面、流于形式的创新是经不起时间考验的。

衡量创新的标准是时间，隽永而经久不衰的产品才是真创新。

缶乐的中式"炖"咖啡，就主动公布制作方法和工艺标准，它完全可以复制，缶乐甚至鼓励大家学习制作。缶乐创始人认为，"炖"的工艺不是缶乐的发明，不会申请中式咖啡制作方法的专利，因为"炖"是中国古代劳动人民的智慧结晶，"炖"咖啡属于中国人民。

缶乐还给中式"炖"咖啡产品"沁溁"起了一个外国名字"CINESSO"，是意大利语"中国"的前缀和"浓缩咖啡"的后缀组成的，希望未来这个名字的咖啡能够走向世界，被世界人民接受，那样中式"炖"咖啡就会成为世界咖啡市场上的一个真正的中国咖啡品类。

创新精神才是咖啡创新的核心。

世界呼唤中国咖啡新势力

"中国咖啡" 的未来发展

从前中国咖啡的市场量，在世界咖啡市场上占比很少。但随着中国崛起的脚步，中国人对咖啡的需求也越来越高，对世界咖啡市场格局的影响无疑将是深远的。而回顾近十年中国咖啡市场发展状况，粗略统计，有近五万家咖啡馆，是绝对的生力军，中国的咖啡市场是世界咖啡的重要增量市场。

目前的中国咖啡市场是群雄逐鹿的竞技场，中国人应该掌握自己的话语权。

若像中国曾经的汽车市场，一味沿袭原有的商业模式，几十年的发展并没有实现原定的目标，也没有换来核心技术，更不要谈超越了。

但世界在发展，时代在前进，在新能源汽车的发展轨道上，中国凭借清晰的定位和不懈的努力，终于取得了压倒性的优势：如今任何人都不可以轻视中国新能源汽车的发展实力，完美实现了"弯道超车"。

时代也在呼唤着中国的"咖啡新势力"。

中国咖啡的时代理解

中国人对食物的包容度是很大的，很多食物都是很早以前从国外引进的，比如番茄、土豆、辣椒……它们历尽千百年的演化和改进，成为中国人餐桌上的美食。同样，咖啡在近代被引进中国以后，经历了初步的繁荣和短暂的沉寂，伴随着中国全球化的发展，是不是也应该借中国崛起的契机，向世人展示其更独特的魅力呢？

不是一杯咖啡适合所有人，而是每个人都有一杯属于自己的咖啡——这是缶乐对咖啡的理解，也是中国人对美食的理解。

现在的上海，乃至在全中国范围内，喝咖啡的人群正在迅速增长。尽管目前的人均咖啡消费量还不多，但是中国市场的特点是基数大，再小的比例乘以巨大的基数都是天文数字。所以，如何理解中国咖啡的新时代特征，是中国咖啡发展首先需要思考的问题。

讲好中国咖啡故事，有必要向世界宣传我们中国人喜欢喝什么咖啡，在做好中国市场的同时，也要积极走向世界，宣传中国的咖啡概念。中国咖啡可以成为与世界交流的重要载体。

构建中国咖啡产品体系，应该有自己的产品特色，应该有代表中国人喝咖啡水准的理念。咖啡作为世界三大饮料之一，主要就是满足百姓日常的饮用需求：解压、提神、好喝。所以，中国咖啡的发展方向，也应该是基于对传统咖啡的学习和创新，有机融入更多中国元素的本土化产品。老百姓说好喝的咖啡才是真正的精品咖啡。

研发中国咖啡专有技术，中国的饮食烹饪技术理应和咖啡制作有机结合，寻求在咖啡的制作方法上的突破，寻找到符合中国人饮食习惯并有利于广泛普及的制作工艺。打造独特的中国咖啡产品，更有利于确立中国咖啡在世界市场的地位。

中国咖啡馆的时代角色

好咖啡本应日常。咖啡就是一款日常喝的饮料，喜欢喝咖啡就像喜欢喝茶一样，不论懂或不懂，都可以想喝就喝。

中国人本来就有在茶馆喝茶聊天的习惯，只是随着时代的变迁，更多地演变为在家庭和办公场所的饮茶习惯，传统茶馆的功能有所减弱。

更商业化的中国"新茶饮"模式异军突起，迅速攻占了市场的空缺，这也是商业的时代化特征。甚至中国"新茶饮"已经走出国门了。坦白说，中国"新茶饮"也是嫁接在快餐店基础上的新业态，类似的饮料店本来也不是典型的中国传统商业形态。

作为舶来品的传统咖啡馆，是根植于其他国家人民的生活、饮食习惯的商业模式，大多也是以满足日常生活的某些需要为基础，比如美式咖啡、意式咖啡等。同时，众多国际连锁品牌陆续进驻中国，也把其他国家的生活方式植入品宣引进中国了，比如开工前喝杯咖啡，闲暇时去咖啡馆坐坐、聊聊……

咖啡馆进入中国后，是不是也应该考虑结合中国人的生活、饮食习惯呢？答案是肯定的。所有的中国咖啡馆都在积极努力地探索如何满足中国消费者对饮食口味多样化的极致需求。复制传统咖啡馆、常规改良、粗暴的本土化元素嵌入的发展模式只能流于平庸，对中国咖啡馆的未来发展助益不大。

好的咖啡馆就应该竭尽所能为客人提供一杯出品质量稳定的好喝的咖啡。在中国咖啡馆，不仅可以为喜欢咖啡、懂咖啡的爱好者提供传统的经典咖啡，也要开发更多符合喜欢尝新、尝鲜的中国消费者需求的带有中国元素的中式咖啡，即本土化的产品，以利于推广咖啡文化。所以，新时代的中国咖啡馆呼唤更多的创新元素在制作咖啡中被合理使用；更有机地融合中国餐饮元素来体现咖啡的美妙和本土化创新；更积极地对接符合产品特性的新商业模式的需求（比如外带咖啡、外卖咖啡等线上业务的创新咖啡品种等）。

上海咖啡市场是中国咖啡市场的一个风向标，上海的咖啡馆也是万"建"

齐发，争奇斗艳，可以用"万商云集"来形容。中国本土咖啡馆的发展目前处于起步阶段，如果只是按传统模式一味地模仿，教条地执行一些标准和方法，很难

缶乐的传统
就是没有传统

超越传统。作为市场的新生力量，中国咖啡馆应该坚持先学习后创新的方法，才是开发本土产品、做出中国人民爱喝的咖啡、打造有中国特色的咖啡馆的合理路径。

缶乐的传统就是不断打破传统。

中国咖啡人的时代机遇

中国的崛起、中国消费内需市场的开发、中国咖啡的市场发展趋势，呼唤中国咖啡人打造自己的咖啡文化，掀起新一波世界咖啡的浪潮。

纵观历史，咖啡传入中国120多年间，因为各种各样的原因，咖啡在中国并没有被大规模地推广，没有形成一个主流的咖啡市场（目前还是一个相对初级的市场）。但是，源于中国人口的巨大体量，未来对咖啡的需求量也不用怀疑。各国巨头纷纷来到中国开咖啡馆，就是看中了中国咖啡市场的未来。

坦白说，一百多年来，咖啡爱好者不断地涌现，但是咖啡师队伍却一直青黄不接，导致咖啡从业人员明显断层，且缺乏技术的传承。

参考中餐的烹饪法则，"食无定味，烹无定法，适口者珍"，复杂的中餐制作，依赖经验和手感，一百个人做一道菜，可能会有一百种味道，要学会总结心得和技巧，把其中的原理搞明白，然后举一反三才能做出天下美味。对烹饪技术的研修是每个从业者的毕生追求。

咖啡制作又何尝不是呢？掌握传统咖啡的制作技术内涵，结合中国咖啡人

的智慧，当今时代，还必须加持现代科技的助力。

每一次大的变革，都会引起一次新的咖啡浪潮，新的咖啡浪潮为新一代的中国咖啡人提供了非常好的时代背景，机会只垂青于有准备的人，年轻人可以大展拳脚了。

现在的年轻咖啡人，不用像以前那样，在比较封闭的环境里自己摸索；有了对咖啡的基本认知和开阔的国际视野；整个消费环境也更适合年轻人投身咖啡行业；每家咖啡馆都给了年轻人更好的舞台展示自己的才华，而不仅仅只提供一个工作的空间；最为重要的是，现代社会科技的发展，令更多信息产业的发展成果可以运用到各行各业中了，咖啡的科技化进程已经开始了。

对中国咖啡市场的重新定义，必将对整个世界咖啡市场的格局变化产生深远的意义，在做好国内市场的同时，中国咖啡必然会以一种新业态走向世界。

未来可期——中国咖啡人的未来，是世界呼唤的"咖啡新势力"！

第四章

探秘中式咖啡馆的
数字化解决方案

咖啡制作的数字化变革

咖啡制作技术的演变

自奥地利维也纳的第一间现代咖啡馆成立至今，咖啡馆在服务行业已经存在两三百年了，咖啡馆的运营模式一直没有发生太大的变化。

点咖啡、做咖啡、喝咖啡，这样简单的流程在每一个独立咖啡馆里反复地发生。

后来，以星巴克为代表的连锁咖啡馆模式开始进入一个快速发展的时期，其实质依然是在同一个经营管理平台上，重复以上的单店模式。

近来，随着越来越多的咖啡馆连锁化经营的需要，催生了信息化管理平台的需求，更多的店内经营数据通过互联网关联起来了，处于管理端的总部和各个分部之间，可以实现实时、无缝的数据沟通和交互。

当下人们的工作和生活节奏更快了，外带咖啡、外卖咖啡也更多地融入咖啡馆日常经营内容，尽管大众对这类咖啡的评价有不同的观点，但是不能否认信息科技和移动互联网的普及，为顾客获取一杯咖啡的便利性所做出的客观贡献。在咖啡消费的市场上，也不能忽视速溶咖啡和全自动咖啡机所提供的便利性价值。

咖啡馆的发展过程从上述的角度来看，其实科技占比非常高，发展也非常快，从而使咖啡馆的经营活动跟上了时代的节奏。

但是，在如何做好一杯咖啡上，除了100年前推出的半自动咖啡机取得巨大成功外，并无实质的技术提升。即使可编程的全自动咖啡机发明成功，也由于种种原因并未能撼动半自动咖啡机的江湖地位。

基于现有技术怎么把一杯咖啡做得更好？这始终是咖啡行业孜孜不倦追寻的答案。

当代咖啡制作技术

缶乐认为现代科技在一家咖啡馆中的运用，除了半自动咖啡机实现了咖啡的快速萃取的技术之外，最具代表性的就是各种全自动咖啡机了。

两种机型的工作原理大同小异。

相同之处在于：为了最大程度地高效稳定展现咖啡品质的魅力，通过对水和蒸汽的定温、定量、定时控制，完成咖啡的萃取得到所需的咖啡原液。

不同之处在于：全自动咖啡机基本原理是对咖啡萃取过程实现逻辑编程控制以取代咖啡师，再辅以水、牛奶等主辅原料的自动传输及冲兑，实现所谓的标准化咖啡出品；而半自动咖啡机则更依靠咖啡师的操作经验，通过研磨咖啡豆、填压咖啡粉饼、调整各种参数值以及人为介入这些参数之间的相关性组合，在定温、定压、定量的条件下完成萃取过程，获得咖啡浓缩液，再融合各种辅材出品一杯"非标准化"咖啡的过程。

至于无人咖啡售卖机和机器人咖啡师，无非都是全自动咖啡机添加了更多的辅助功能，比如点单结算系统、咖啡杯转运系统等，其实质还是以全自动咖啡机为核心的技术延伸，并不是对咖啡制作技术实质的变革和提升。

咖啡机的一个问题：假设这两种机型都由"有经验的咖啡师（全自动机型则是机器人）"操作的情况下出品咖啡，为什么一般都会认为半自动的咖啡机出品的咖啡更好喝呢？

这里需要引入"标本咖啡豆"的概念，原则上，任何自动化的机器编程的时候，都需要有一个样本，对咖啡机来说，也就是标本咖啡豆。工程师开发萃取程序的时候，需要采用某种状态的咖啡豆作为样本，当然所有的程序一定是以对标本咖啡豆的合理萃取为基础，然而实际使用中，如果不是使用标本咖啡豆，理论上所有的结果就都不是原来的结果了。这就解释了上一个问题。

所以相对而言，胶囊咖啡机可以部分解决这个问题，但是同样因为一种萃取程序不可能应对那么多品种的咖啡粉胶囊，而采用一个更宽泛的萃取程序来适应不同的咖啡粉，显然也是力不从心的。

半自动咖啡机因为有经验的咖啡师的介入，针对一些萃取的参数加以适当的人为调整，使得这个缺陷得到了一定程度的补偿，所以理论上，咖啡的出品品质得到了提升。

缶乐认为，这就是"人工的智能"的作用。

那是不是采用全人工的萃取方式就是咖啡馆未来的发展思路呢？

缶乐也认为，把这种人工的智能无限放大、放弃使用可以提高出品稳定性、高效性的现代化设备，而出品一杯理论上风味变化万千的"慢咖啡"，也是不可取的。

按照信息科技革命的技术思路，通过网络技术的介入，把人工的智能转换成真正的人工智能，参照其他行业的发展过程，完成中式智能咖啡馆（Smart Coffee Shop）的数字化建设，可能是未来咖啡馆发展的方向。

咖啡制作技术的发展前景

纵观现今世界的科技发展，人工智能技术在各行各业被广泛应用，原本人们认为不可能的事情在越来越多的行业实现了商业化运营，比如视觉和听觉数字化技术、3D打印技术、无人机技术、无人驾驶汽车技术……

缶乐认为，把最新的信息科技革命的成果运用到制作咖啡过程中去，是实现咖啡馆制作技术科技进步的核心课题。这个技术的变革，是与一家咖啡馆体系内所有达标品种出品稳定性有关的，而和一家咖啡馆可以提供多少品种咖啡、出品有多快，甚至订单的多少等无关。

——变革的难点在哪里？

——咖啡制作技术的变革，应该保证每一杯咖啡品质的稳定和提升。但是，过去这个目标往往被各种理由所搪塞：

咖啡豆是农产品，不稳定在所难免；

咖啡萃取存在各种各样的变化，导致风味万千；

"本店的咖啡就是这样的标准"；

"您觉得有问题，我觉得还好呀，没问题"；

……

结果呢，导致对每家咖啡店的稳定品控变成不可能：有人认为这家店的咖啡好喝，而有的人却又有截然相反的判断。

大家的"共识"是咖啡品控很难、几乎不可控，所以大家也就放弃了对制作技术变革的追求，把咖啡品控看成一种"玄学"。

所以，我们还需要讨论咖啡制作过程中的一些基础知识。

关于咖啡制作基础常识的数学思考

咖啡制作中，涉及的相关原物料、设备和咖啡师，如果利用基础数学原理分析，可以简单定义为常量和变量。以下是对"变量""常量"和"结果"的基础认识：

常量+常量=常量；

常量+变量=变量；

那么：变量+变量=变量还是常量？

我们先来分析一下不同种类咖啡机的使用场景。

场景一

如果使用一台全机械（无电控元件，最初代设备）咖啡机，将咖啡机设定为"变量M"，那么变量还有咖啡豆（变量C）、水量（变量W）和咖啡师的操作（变量B），因为除水温外无任何定量控件，所以全部理解为变量。

即：**变量M+变量W+变量B+变量C=终变量**

推论：终变量的稳定，需要所有变量稳定，难度很大，不可控，但咖啡师（变量B）可以在一定程度上做补偿，所以咖啡师很重要。（注：因变量过多，此模型忽略小概率的终变量成为常量的可能。）

场景二

如果使用一台全自动咖啡机，在具体使用过程中，整个程序逻辑一旦设定，成为"常量M"；其中使用到的热水因为具备可控加热元件且流量由控制阀提供（忽略误差），也可以理解为"常量W"；那最重要的咖啡豆（变量C），无疑就是最大的"变量"了。

即：**常量M+常量W+变量C=终变量**

推论：全自动咖啡机融合了咖啡豆（变量C）和最初代咖啡机（变量M）的功能，减少了不可控因素，使得设备和操作的不稳定性被控制在最低程度，忽略误差，改善了大部分的变量，使之形成可定义的"常量M"和"常量W"，排除了"变量B"，所以，全自动咖啡机是技术进步的产物，优于初代咖啡机。但是，它还没有解决咖啡豆作为农产品（肯定是变量）的客观"变量C"的存在，所以"终变量"成为客观存在，无法克服。

场景三

如果使用最常见的现代半自动咖啡机，相较于全自动咖啡机，更能够控制"常量M"和"常量W"，使得咖啡的萃取成为更多常量参与控制的过程，特别之处是由于咖啡师"变量B"的存在，可以处理调整咖啡豆"变量C"，一名有经验的咖啡师可以通过各种细微技术调整在整个制作过程中采用相关配套操作技术来弥补"变量C"表现的不足，在"变量B+变量C"的组合中，寻求一个最接近常量输出（最小变量）的"类"常量"BCI"（即a值）。

这个"相关配套操作技术"就是"经验值I"，也就是"人工的智能"。

即：**变量B+经验值I+变量C=（最小变量的）"类"常量BCI（即a值）**

最终：**常量M+常量W+（最小变量的）"类"常量BCI（a值）=（最小变量的）终变量**

推论："常量加常量是常量""变量加常量永远是变量"，那"变量加变量能不能等于常量"呢？

现在看来有可能。

首先，把能够固化的因素全部固化变成常量；

其次，承认"变量加变量等于常量"的存在可能，比如：1+9=10，2+8=10；

再次，能不能"应常尽常"，把某一部分的变量变成"局部变量加局部常量"；

最后，在所有变量相加的过程中，通过人工干预措施，做到"局部变量最小、局部常量最大"，即"类"常量BCI。

这个模型解释了为什么半自动咖啡机经久耐用。

从上面三个场景中可以看出，咖啡馆可通过相关技术植入设备（半自动咖啡机）的使用，持续抬高出品的质量曲线，以期达到提高出品质量稳定的目的。

咖啡馆品控稳定性的一些基础常识

假设有一个坐标系，设时间为x轴，出品稳定性为y轴，存在一条$x \cdot y = z$的曲线。初始阶段以原点作为基点的情况下，整体抬升这条曲线，就意味着提高出品的稳定性，也就是说在$x \cdot y = z$的这条线里面，如果能做到$x' \cdot y' + a = z'$的话，这条曲线（局部放大看）就可以稳定在一个较高的区间里（绿线）了。

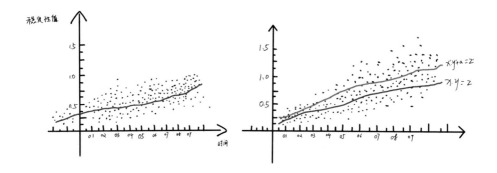

这个a值就是咖啡制作过程中的各种常量的组合，比如：把咖啡机热水的温度控制在一个恒定值；把热水的出水量设为恒定值等。

按照缶乐的"DIPS"产品研发程序，可以从一杯意式浓缩来分析，到底哪些元素是可以控制的。

意式浓缩的定义就是采用16～20克咖啡粉，通过压饼以期控制萃取时间在20秒到30秒之间完成，获得约35克（约60毫升，含油脂）的咖啡浓缩液，即是一杯达标的意式浓缩。

那个至关重要的"a值"会在哪里呢？是咖啡粉的质量？是压咖啡粉的力量？还是萃取时间？……

缶乐认为，以上的设定值都无法解决咖啡豆是最大变量的问题。即使某个因素设定为常量，那"变量"加"常量"依然等于变量。

经过分析，缶乐发现只有最稳定的"水"的温度和出水量可以设定成（类）常量。所以，现代半自动咖啡机是有科学依据的。

下面继续探索"a值"的存在可能。

从意式浓缩的定义来看，所有的取值都可以是变量，利用半自动咖啡机制作，却要求达到稳定出品，以保持口感的稳定，关键的因素就是咖啡师（也是变量）的介入。

"变量B+经验值I+变量C=（最小变量的）'类'常量BCI"

"常量M+常量W+（最小变量的）'类'常量BCI=（最小变量的）终变量"

这样两个公式中，有经验的（经验值I）咖啡师（变量B）是除了咖啡豆以外可以提高的两个参数。

由此看来，在最初代咖啡机的基础上，全自动咖啡机选择了以编程替代有经验的咖啡师的技术路线，但是并没有改变最后输出"终变量"的结果，只是节约了人力资源；半自动咖啡机则继续沿用咖啡师介入的技术路线，凭借经验，提高a值，减小变量的波动影响，力求达到输出的终变量中的变量值最小，有经验的咖啡师出品就是追求**"在一定区域内浮动的终变量"**，可以理解为越来越接近**常量**了。

基于对上述数学模型的理解，缶乐把如何控制咖啡粉的质量落在合理的范围（16～20克）内，压粉饼以合理（相对）的压力、控制萃取时间的设定等作为操作要领。即控制每一步操作的误差，兼顾相邻环节操作的适当调整和补偿，以期把"变量加变量"拆解成"最小变量"加"最小变量"再加"极大常量"的公式，最终得到"（最小变量的）终变量"，即在20～30秒内获得约35克（约60毫升）的品质稳定的咖啡浓缩液。

落实到整个制作环节，在所有变量值的采集中，能够常量化的元素尽最大可能地保持常量取值，把变量因素控制在最小区间内，使之最大限度地被设定为可控的变量元素，在此基础上，通过咖啡师更精准的介入，调整相关操作，尽可能增加a值的取值范围，整体抬高质量稳定性曲线"$x' \cdot y' + a = z'$"，以期做出的每一杯咖啡达到更高区间（更高域）稳定的品质标准。

从缶乐的实践经验来说，咖啡粉的低取值量不是不可以操作，但是操作手法需要有相应调整；咖啡粉高取值量也不一定好，同样要有办法剔除干扰。

缶乐希望把这些称为咖啡师经验的操作办法（经验值I），"进化"成一种智能的算法，以改进全自动咖啡机几乎一成不变的逻辑程序设定，实现半自动咖啡机的智能化改造。

以这台智能化半自动咖啡机为基础的整套智能化操作平台，要实现"变量加变量加常量等于（最小变量值的）终变量"，这样的"终变量"可以认为是一个有标定公差范围的常量的输出。即其中一部分的常量是通过"人、机、码"的合作，整体抬高这条曲线的"a值"，并不断将其中可以固化的元素尽量固化，可以提升的标准尽量提升，把整个产品的质量稳定曲线的变化抬升到一个更趋近于常量的基点上，最后达到咖啡的出品高稳定水准。

这个过程是运用计算机人工智能的深度学习，通过海量数据的收敛，建立数学模型的过程，可以理解为：（人工智能）算法！

这是未来中式智能咖啡馆需要建设的核心技术体系。

数字化是未来咖啡馆的科技基础

随着传统统计学基础的大数据产业的兴起，各种各样的大数据解决方案以及针对特定场景的人工智能"算法"应运而生，咖啡制作完全可以在此基础上形成独特的技术数据库，配合上述操作设备的硬件改造保障，让更多的"数据"和"算法"参与咖啡的制作，完成（基于历史数据的人工智能深度学习）的数字化咖啡模拟出品和线下实体店的咖啡出品的记录数据的预测、比对和判别。

未来是一个万物互联的世界，基于更先进的通信技术和物联网的广泛运用，为咖啡馆的每台设备之间的数据实时交互提供了网络保障，加之越来越多的感应器的小型化与检测和数据输出能力的升级相结合可以为人工智能在这个平台上的运行提供网络保障。

缶乐源于创始人曾经的行业背景，对高端制造业连锁生产的理念有着比较深刻的理解，辩证地梳理了咖啡馆出品标准的定义和流程管理体系之间的关系，完成了相关制作技术的合理复制过程和创新工艺流程的标准化建设，突破了相关内容无法复制和标准化的技术瓶颈，形成了关于咖啡制作技术控制理论的初步构想。

未来中式智能咖啡馆的理论构架

缶乐的中文名字来源于之前的英文名字"Follow"，就是"随"。缶乐希望出品的每一杯有内涵的咖啡都可以跟随客人；客人也愿意追随缶乐的咖啡，并且乐意给自己身边的人，推荐一杯缶乐的好咖啡。

中式智能咖啡馆（Smart Coffee Shop）的概念

中式智能咖啡馆的总体架构

关于中式智能咖啡馆平台将来的总体运营架构，缶乐认为，应由两方面组成。

一方面是商务运营的配套部分，比方说客户点单、店家接单、客户信息的积累、库存管理、供应链运营，还包括店里的日常管理，大多数是目前很成熟的IT外包服务。

另一方面就是咖啡馆关于咖啡制作部分的核心技术控制平台。

中式智能咖啡馆的技术特点

一、全数据化

缶乐希望以打造一个中式智能咖啡馆（Smart Coffee Shop）的概念，来建设未来的数字化咖啡馆。当客人走进一家中式咖啡馆，智能系统会完成以下工作。

（1）**订单甄别**：如果是老客人，系统识别以后，会根据这位客人喜欢的咖啡口味帮助客人做点单准备，然后提供一些必要的额外信息作推荐，比如这位客人特别喜欢的限定品种等，然后客人点单，这杯咖啡就开始生产。

（2）**协同制作**：基于客人咖啡口味历史数据的积累，"线上咖啡师"和"线下咖啡师"就开始协同工作了。"线上咖啡师"会根据客人的历史口味、喜好数据和现场即时信息，比如温度、口感、辅料添加、处理方法、经验数据等，在操作侧屏幕上提示"线下咖啡师"有哪些要点需要特别注意，并按步骤在制作过程做相应的提示。

（3）**数据采集**：平台会运用传感器、视频动作捕获等设备，记录"线下咖啡师"制作咖啡的全过程数据和影像，即时传输到后台数据库，计算出下一步的操作建议并反馈给"线下咖啡师"，确保每一杯咖啡线上、线下的协同出品和数据的完整记录。

（4）**出品评估**：一杯咖啡制作完成后，系统会迅速根据现场采集的数据和客人在系统内的喜好记录做比对，判断这杯咖啡是否可以出品，如果个别指标略有误差，但仍然在公差范围内，则判定可以出品，但数据会被记录作为系统学习的参考值；如果判断数据超标不可以出品，那这杯咖啡需要重新制作。

（5）**技术归档**：随后系统后台会根据对这杯咖啡的采集数据做相应的收敛评估，获取这杯咖啡的综合数据包，并与系统内数据的均值做偏差标定且保存。当然，这个数据化的指标只是这杯咖啡应该有的数据包的一部分，这个数据包里还会包括环境数据、原料数据、辅料数据和其他应有的内容，力求完整模拟传统咖啡店中咖啡师人为理解的所有参考指标概念，毕竟现代科技对数据的记录和计算能力已经远超个体了。

这样，一杯咖啡的制作过程就被数据化了。

二、文件输出

中式咖啡馆智能系统会定期（一天、一周、一旬或一月……）给接入系统的咖啡馆出具一份评估报告，统计该时间段内所出品咖啡的品控汇总数据、客人的消费习惯，市场的消费趋势等，凭借各种有分析的、有说服力的、高效的数据服务来帮助咖啡馆管理者提高运营能力。让咖啡店管理者清楚地了解相关经营内容，而不是仅简单营收记录和盈亏信息。

三、服务推送

系统还会给咖啡店客人一份咖啡周期报告，告诉客人某一个时间段里所喝过咖啡的相关信息。同时，客人的反馈信息也是数据库"跟踪"非常重要工作，使客人找到自己最喜欢的那杯咖啡更容易、更稳定。这是平台和客人之间的一种信任，让客人可以放心地喝，知道自己喝的咖啡都有质量记录。而以往，对一杯咖啡来说，这些信息是不能被记录和关注的。

四、岗位评级

每一杯咖啡的记录可溯源，所以对咖啡师的考评也可以完成了，同样可以做一个周期性的评价，让咖啡师的评级变得有据可依。通过对数据的科学分析，很容易得到被考评的咖啡师是不是真正被市场认可的咖啡师，每个客人都喜欢一杯稳定口感的咖啡出自自己信赖的咖啡师之手，这个系统可以帮助论证。

五、管理外溢

这个中式智能咖啡馆（Smart Coffee Shop）是个可接入的开放系统，理论上它是一个第三方服务平台，当客人走进一家接入这个系统的带有统一服务标志的新咖啡馆，就可以在平台的服务范围内，由一位新的"很懂你"的咖啡师服务，配套的制作技术运用数据和记录分析的服务，基于相关设备的改造和先进通信技术的支撑，实现完全共享是可行的。

众多的咖啡馆接入和参与，有利于系统运行的可靠和可信度。

中式智能咖啡馆系统的优势

中式智能咖啡馆系统解决了咖啡馆，尤其是连锁型咖啡馆，在品控管理中一直以来存在的瓶颈问题，真正实现扁平化、数据化、溯源化管理，提高管理水平，降低管理成本。

该系统通过对细化到每一杯咖啡的数据记录包的解读，清楚地分析每一个操作环节的合理性，可以作为咖啡师训练的强力支持平台，可以加快培训节奏，保证培训质量，为配合连锁咖啡馆的队伍建设提供保障。

该系统主动提供独特的咖啡的制作技术评定体系，提供每一杯咖啡数据化、可测评的数字标签，有利于系统内咖啡的制作规范化和标准化出品。

该系统通过不断积累数据和深度学习，凭借人工智能的算法技术，不断缩减不可控因素的发生、不断增加可控因素的相对比重，有利于不断提升咖啡出品的稳定水平，不断提高体系内咖啡馆的出品水准，有利于增加系统内咖啡馆的市场竞争力。

该系统可以通过和客人的良性互动，增加客人对系统内咖啡馆的信任，增加客人的黏性。

面向未来的数字化中式咖啡馆

中式智能咖啡馆系统目前还只存在于理论阶段，这个系统实际落地还存在一定的难度，就好比发展至今的无人驾驶汽车技术，在识别人物的时候，还是存在各种人工智能算法的不完美。但是与无人驾驶汽车技术不同，这套中式智能咖啡馆系统并非"全自动"咖啡机，它始终强调的是"线上咖啡师"和"线下咖啡师"的协同交互作业，强调的依然是人的参与，只是把人的主动性工作做最大程度的数据化，去测量、记录和比对。

中式智能咖啡馆系统是对味觉和嗅觉数字化进程的有益探索，有助于中国咖啡馆在新时代以崭新形象走向世界

缶乐认为，中式智能咖啡馆（Smart Coffee Shop，缩写SCS，中文可称为爱思赛思）系统是一个可互动、可量化、可评测的智能数字化系统，它可能"比你更懂你"。

中式智能咖啡馆的技术核心——爱思赛思系统

爱思赛思系统的总体介绍

缶乐认为，未来的数字化咖啡馆管理系统大致分两部分内容：一部分是操作台外系统，就是运营管理系统；另一部分是操作台内的技术管理的爱思赛思（Smart Coffee Shop，简称SCS）系统，即本节要系统阐述的内容。

运营管理系统这一部分内容目前缶乐运用得已经比较成熟，餐饮行业都有前台营业销售和后台经营管理的解决方案，所有的店都有一定的共性，针对个别店铺做微调就可以满足个性化需求。它大概涵盖一些硬件建设、一些客户服务的运营管理、数据的存储，以及整个和顾客交互的系统。

另一部分，基于对现代制造业质量管理体系的一些基础认知，将来涉及技术管理的爱思赛思（SCS）系统是咖啡馆操作台内关于智能咖啡馆的质量控制的解决方案，即质量控制稳定性的监控平台，应该引进现代质量管理体系的概念。

缶乐认为，这个技术监控平台应该是：**一个基于先进通讯技术、物联网和人工智能深度学习能力的咖啡馆技术控制的网络管理平台，爱思赛思系统是智能咖啡馆建设的核心内容。**

直观地说，爱思赛思系统，应该是由：植入传感器的各种设备、全过程数据记录的分析评价系统，以及人机信息学习交互系统组成的"人、机、码"三合一的管理控制平台，它主要负责检测咖啡出品的技术稳定性，且输出这种技术稳定性的评定值，力求实现所有受监控咖啡的出品的评定值落在相对收敛的更优"域"里，进一步还可以解读为使用全部数据以达到**"控制方差，善用偏误"**的目标。这里的"码"，指代码、编码和算法。

需要特别强调的是，爱思赛思系统的目的是评估咖啡制作出品的稳定性指标，以实现咖啡史上从未有过的数字化、智能化咖啡品控的科学化管理，而非对咖啡制作的好坏或者说对咖啡的好喝不好喝做评定。

爱思赛思系统的组成

要实现现代质量管理体系的目标，就要做到过程记录和持续改进。也就是咖啡制作的过程应该被系统全程记录，并具有持续的自我学习与改进的能力。

系统的这些监测与记录，包括了质量、压力、时间、影像等的实时数据上传数据库并模拟运行制作一杯咖啡，其过程的执行是完全智能化的，并以声、光、电、数据、影像等方式来反馈展示，就像有一个线上咖啡师在模拟操作，并与线下咖啡师互动协调，联合出品每一杯咖啡。他们之间可能存在差异，但更多的是协调和学习。

爱思赛思系统的五大模块"斗拱"系统

爱思赛思系统的五大模块：

第一个是数据库；

第二个是检测模块；

第三个是逻辑判断的模块；

第四个是指引模块；

第五个是记录评定模块。

理论上来说，第一项数据库，是爱思赛思系统的基础模块，这一块在过去的咖啡馆里完全是空白的，但是在未来的智能咖啡馆里却是建立大数据运行系统的基础载体。

第二、第三、第四、第五个模块是引导日常工作的程序性模块，整个的系统就是这四个大的模块和数据库的循环交互过程，可能在某一个模块里面还有小循环，最终形成一个大的（其中可能包含很多小的）交互数据"斗拱"结构系统。

这样的五大模块会植入工作现场的各种设备中参与工作，比如：压力传感、时间检测、质量传感，还有影像传送比对等，且运用相应的现代科技，还有人工智能的各种算法，为每一杯咖啡提供逻辑判断和操作指引。

也就是按照特别的定义，约定好相应的取值标准，并对所监测内容取值，由系统执行后续人工智能算法，且反馈相关意见和建议。

这就像自动驾驶的程序控制逻辑一样，都是设定驾驶过程的场景变化，标定虚线、实线、双黄线是什么，并设计它的处理程序。在实际使用中，要自主辨识什么是双黄线，什么是虚线，什么是实线，并按照预设程序作出判断，双黄线不能掉头，实线不能变道，曲线可以右转弯等。

在爱思赛思系统中，线下咖啡师的每一步的操作结果，都会被检测并按照预设的标准取值，然后向记录模块即时上传数据，逻辑判断模块会根据接收到的数据，比对数据库的（经验或即时推算）相应数据，按照一定的算法，迅速得出下一步理论上的操作处理建议，同时推送给线下咖啡师作参考，咖啡师可以参考这个内容执行下一步操作。

以上步骤会跟踪每一杯咖啡出品的节奏，被反复执行直至这杯咖啡制作完成为止。最后，系统会即时评定这杯咖啡与经验值的偏离项及偏离程度，最终评定是否可以出品。整个出品的过程全部被记录模块即时录入，并会同数据库的更多记录，参与下一杯咖啡的程序运算的取值和评估。

爱思赛思系统的这套监测模块的互动、协同工作，让每一杯咖啡都拥有一个可溯源的数据包，并对咖啡制作水平做出技术稳定性的评价，解决了现在仅靠肉眼判断，对咖啡制作水平根本无法评估的技术困境。

爱思赛思系统运行的物联网特点

当今社会已经进入"万物相连"的互联网时代了，所以未来的咖啡馆也必须进入"物联网"的时代。物联网的定义是通过各种信息传感设备，按约定的协议，使任何物品都可以用互联网互相连接，进行信息交换和通信，以实现对物品的智能化识别、定位、跟踪、监控和管理的一种网络，可实现任何时间、任何地点，人、机、物的互联互通。

爱思赛思系统也具有物联网的特点，做到每一杯咖啡的制作全过程数据可监控、可记录、可分析和可处理，力求做到设备全程网络化、信息交互化。

设备全程网络化

每一杯咖啡的制作，都有一些固化的流程，如磨豆、压粉、萃取、牛奶打发、融合等步骤，就会使用到一些专用的设备和用具，如磨豆机、粉碗手柄和粉锤、咖啡机、奶缸等。在爱思赛思系统里，它们都会植入网络元件具有非独立的、部分可控可调且全程保持数据记录的状态。

通过传感器的大量使用，包括有一些影像记录的探头对一些不可定量只可定性的信息数据的采集，借助历史数据的比对、图像识别等人工智能手段，以达到数字化和万物互联的目的。

数据全程交互化

平台数据库，基于现代网络的即时通信特点，在接收到每一个数据后，记录最新的数据并比对数据库的历史数据，按照一定的经验算法深度学习后，做

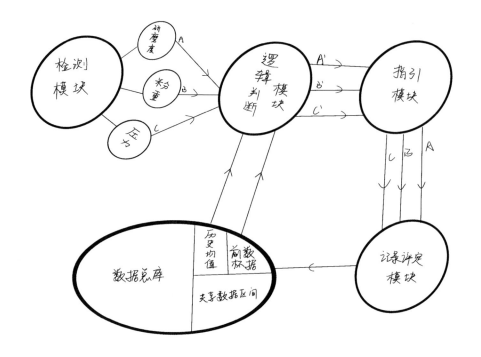

出推算，反馈到操作的相关环节，提示下一步的操作要领。

　　简单地说，就是在磨豆时，在已经设置好的情况下，磨豆机按照可记录的参数出粉，咖啡豆本身特性、温度、湿度的瞬变、静电等众多因素，都会让咖啡豆出粉的质量发生变化，这样产生了第一个变量（意式浓缩的定义为16~20克咖啡粉）。所以，出粉量的数据必须被记录。这些数据会作为计算压粉压力的参考指标。

　　通常，线下咖啡师通过出粉量的多少，凭肉眼和经验来判断手压粉饼的力量，制作粉饼。然而，在爱思赛思系统的界面，线下咖啡师会在收到"线上咖啡师"的压力推荐值后实施压粉的动作，这个压粉的力量就是第二个变量，也需要被记录，这个压力的合理与否，直接影响萃取的时间和咖啡的出品品质。

　　接下来，执行把压完粉饼的粉碗装上咖啡机萃取的步骤，萃取水量的参数也是可记录的，这里的操作也是固定的，这个动作一般不会有问题，但是也可以做影像记录。

从萃取的过程看，最后出液的质量和时间是必须被记录的。因为对它们的评定，是最后确定这杯意式浓缩的技术合格与否的重要指标，即是否在20～30秒内出品约35克（60毫升）咖啡原液。

品控全程数据化

例如某位咖啡师，一天出品了200杯咖啡，200杯数据全部被记录，爱思赛思系统在营业结束后，会输出这200杯咖啡的稳定性测评数据，如果发现"方差"值很收敛，那这个咖啡师就是合格而且优秀的；假设有40%以上数值落在评定合格的区域外面，那就需要做进一步的分析，看看是不是需要送去再培训了。

这个评估报告的汇总，对咖啡馆的经营者，尤其是被认为最难做品控的连锁咖啡馆，肯定是有用的。

爱思赛思系统运行的智能动态特点

爱思赛思系统的动态化，不仅仅表现在它的记录连续性和完整性，还表现在动态分析能力、智能学习能力、高效复制能力和逻辑预测能力。

动态分析能力

爱思赛思系统，基于现代通信技术几乎无延时的特点，接收每一次必要的采集数据，依靠完善的数据识别体系和数据库大数据的积累，凭借自身强大的运算能力，实时对所接受数据做特征值和特征向量分析，以确定该操作本身以及与其相关前后步骤数据的逻辑性合理与否，并给出一定的评价以及进一步操作的指导性建议（值）。

比如，当压饼完成后，在接受压力值和相关粉饼图像数据后，结合咖啡粉的研磨值和质量值，提示当次压饼动作的压力值与理论推荐值的差值，是否在系统计算的合理范围内，如是，则继续流程；如果不在合理范围内，这个过程就会被提示差异。当然，因为是半自动咖啡机，咖啡师有权强行执行萃取程序，但是这个"有争议的数据"也会被记录，并会作为评定这杯咖啡技术稳定性的参考值。

这里有一点需要说明的是，如果这个步骤使用机器定值来压饼，这个常量的作用就会导致（咖啡豆这个变量在）咖啡萃取的原料阶段直接成为变量，这就是全自动咖啡机的缺陷。

而半自动咖啡机因为咖啡师的经验，能做出一定的补偿，以争取达到公差最小的变量，再实施萃取咖啡的过程。这一点，再次说明咖啡师的重要性，是爱思赛思系统里不可或缺的组成部分。

"人、机、码"的三合一体系，就是为了提高之前所提及方程式"$x' \cdot y' + a = z'$"中的"a值"，以期整体提高咖啡制作的稳定性。

深度学习能力

爱思赛思系统之所以称为智能系统，不仅仅是因为它具有逻辑程序执行能力，更显著的特点，也是有别于全自动咖啡机的程序设定的是它具有主动或被动的深度学习能力。

在上面的例子里，有个细节需要再次说明：咖啡师既可以按照提示要领来执行操作，也可以基于现场的状况和自己的经验做出继续"个性"操作的判断，即对系统做出"强制"记忆这个"个性"操作的指令。

这个数据最后会被视作"回传"到平台数据库的"样本"，系统会自动确认采用这个标本数据。这个数据，会在接下来的系统评定体系中，作为判定这杯咖啡稳定性的基础值之一。久而久之，这样的动态更新甚至还会是爱思赛思平台数据库通过智能学习重新界定参考标准值的依据。

这样的学习的结果，有利于发现"方差"的存在原因，有利于进一步鉴别"偏误"的可能价值。

高效复制能力

每家咖啡店、每个合格的咖啡师，都有自身独特的技术积淀，爱思赛思系统帮助他们将过去只能用语言、文字形式记录的作业流程，通过对概念的界定、数据的记录、科学的分析保留下来，让这些独特的咖啡制作方法实现"数字化、规范化、程序化和智能化"。

这种高效复制能力，不仅有助于解决咖啡师培训的方法和效率问题，还可以把培训工作"从探索，到稳定，到优秀"的过程全部实现数据化、智能化，也有助于加强从一个优秀咖啡师到更多的优秀咖啡师的团队建设；实现从一家出品稳定的咖啡馆到更多出品稳定的同体系咖啡馆的复制。

在缶乐，曾经不止一次被问到过这个问题，缶乐创始人的技术能不能被复制？缶乐当时按照传统的做法，以2000杯以上的意式浓缩的萃取训练和手工数据记录的过程，完成一个年轻咖啡师的培训入门，最终以两年的时间成本完成一个"全阶"、优秀咖啡师的打造。

在未来的爱思赛思系统内，这些概念不会只是口口相传的经验、不会是无法做数字评价的一些简单的文字条款，而是有据可查的、高效的、智能化的强大数据库。

逻辑预测能力

爱思赛思系统的核心技术就是各种基于传统咖啡制作经验的人工智能算法。在每一步的操作结束后，系统会把接收的数据和数据库的相关数据做比对，再根据一定的算法推测出下一步操作的技术要领，并通知线下的咖啡师。这个过程的时间很短，几乎是瞬间完成的，没有延时影响，理论上不会影响咖啡的出品节奏。

还是举压粉的例子——目前这个过程往往是凭咖啡师的个人经验去实施，也没有数据记录。个别咖啡师甚至根本不关心磨豆机出粉的状态，或一味强调取粉的质量要达到一个定值，其实反而忽视了咖啡粉这个基础因子的变量（和常量的辩证关系）属性，当然对后续的操作就没有意义了。

爱思赛思系统则会根据每一杯咖啡从磨豆机中出粉的状态，结合相关历史数据和即时采集的数据，不但取值质量、粗细度、湿度、温度等，而且通过影像信息获得是否存在静电粉团等信息，以逻辑推算"线上咖啡师"压饼的力度，压力值应控制在什么区间内，线下咖啡师在得到提示后，就可以预先控制压力的大小。最后实际数据还是会被记录，作为一下次压粉的计算依据之一。

这些过程，有时候是非常必要的。

爱思赛思系统能预见性地提示调整操作的建议，才具有人工智能深度学习的特有气质！

爱思赛思系统的参数差值特点

爱思赛思系统是"人、机、码"三合一的系统，它既考虑到操作标准的统一性需求，也尊重每一个咖啡师个性化操作的坚持，以求每一杯咖啡出品都独特而完美。

所以，爱思赛思系统对所采集的数据，在时间维度和空间维度的"纵向对比、横向关联"等所做的逻辑处理，是系统做出智能分析和预测且得到最后的"方差"评估和"偏误"分析等重要信息输出的基础保证。

爱思赛思系统采集和处理的所有数据的共同特点如下。

数据记录多样性特征

制作咖啡的全过程需要标定采集数据的定义。针对一杯合格的意式浓缩，参照"采用16～20克咖啡粉末，经过一定的压力制成粉饼，然后上咖啡机萃取，在设定它的冲煮热水量后，在20～30秒钟完成，就得到相应的咖啡原液"的标准。通过各种设备的改造，使更多的传感器被植入操作设备，全过程的数据覆盖包括即时的温度、湿度；豆子的使用状况；磨豆机的粗细度；出粉质量和状态；压粉的力度；萃取温度；萃取的水量；萃取时间……全程会被全自动记录并传输到爱思赛思系统的数据库。

这些数据的采集是简单的，但要做到实时、高效、准确的自动录入，涉及很多设备的改造和对数据的定义，有的像质量、压力和水量等，仅仅是简单的数值，有的如粉饼的表现、油脂的多少、咖啡出液的状态等，可能是复杂的图像和影像资料，甚至在打发牛奶的蒸汽工作时可能还是声音信息。这些数据对建设后续数据库的意义非常大，是整个爱思赛思系统的基础，只有基于大量的特征值、特征向量的数据支撑，才是后续各种算法的必要保障。

数据的定值和差值双记录

爱思赛思系统不仅对最新操作数值作记录，还对这个数值相应数据库里的上一杯咖啡和历史记录的差值作相关性记录。

爱思赛思系统对每一杯咖啡的整个操作的即时数据记录，以及该记录与数据库中相关历史数据比对的差值记录，都会录入系统，作为新数据库的增补记录，也会成为下一杯咖啡的数据评定依据。

对线下咖啡师操作的即时数据的定值和差值的双记录，几乎可以同步记录线下咖啡师的实际操作过程、模拟线上咖啡师的"思维"方式，凸显了智能化系统的强大检索功能和运算能力。

线下咖啡师基于自身经验和判断的操作步骤，其实就是咖啡师基于自己记忆中的"数据库"和现场实际状况（尤其是上一杯的成品表现）临时做出的调整；而今后，这种"经验"数据的调用和运算，就是由爱思赛思系统辅助完成的。

爱思赛思系统将"人工的智能"实现了人工智能化。

差值数据评测的智能化

咖啡馆每天的环境温度与湿度，没有绝对的适宜与否，它可能仅仅是比前一天"高"了或"低"了；对每次磨豆机输出咖啡颗粒的粗细，可能也不能简单评价是"粗"好还是"细"好，在当前情况下的压饼压力是"重压"好还是"轻压"好。

所以说，爱思赛思系统本身不对记录的数据是"对的"或是"错的"作评定，而是基于对前述的差值作评估。即在某一个环境下，采集的数据会先针对合格出品的前一杯咖啡中的相关数据做差值分析，再根据数据库中记录的平均值评定记录数值是否落在合理区间内，然后做出"合理"与否的评价。

进一步说，如果系统预测到后一杯咖啡的"指标"还可以做得更好，系统的线上咖啡师就会根据预测的"理想"数值，在制作后一杯咖啡的时候提示线下咖啡师做适当调整，线下咖啡师执行这个提示产生的结果数据，会被系统即时记录、评估和学习。

当然，如果咖啡师仍然坚持自己的理解和判断，把这次压粉压得更紧或者压粉压得更轻，这个"独特"的数值，依然是可以被系统记录的，但是整杯咖啡的数据值形成以后，系统会自动判断这个"独特"操作对最终数据的影响，并对再之后一杯咖啡的制作做出更新建议或坚持原来的建议。

凭借爱思赛思系统庞大的历史记录数据库和强大的后台运算能力，系统可以参照海量的同类参数差值和有关联性的其他参数值，分析最新数据对咖啡质量稳定性的影响程度，使线上咖啡师和线下咖啡师"协同作战"，做出下一杯品质更稳定的好咖啡。

理论上讲，线下咖啡师不是一个人在战斗！他拥有爱思赛思系统的强力支持：记录、预测、跟踪（再记录）、再预测……

数据和数据分析是爱思赛思的核心价值。

让数学成为咖啡的语言

爱思赛思系统的数学论证

缶乐认为，以爱思赛思系统为标志的技术稳定性控制解决方案，是有时代科技特征的中国咖啡理论体系，可能是将来中国咖啡馆走向世界的必要技术保障，是未来中国智能咖啡馆的重要标志。

从实践到理论，再从理论到实践的过程，是认识具体事物的辩证运动过程的基础。

缶乐依靠四年多出品咖啡16万杯以上的实践基础，为提出未来中国智能咖啡馆的构想，完成了从实践到理论的第一步。

缶乐认为未来中国智能咖啡馆的核心是爱思赛思系统，爱思赛思系统的核心是人工智能技术，人工智能技术的核心是数学。

按照缶乐的"DIPS"产品研发程序，人工智能问题一般分为两大类：搜索问题和表现问题。接下来是相互关联的模型和工具，如规则、框架、逻辑和网络建设……它们都是非常数学化的主题。

人工智能与数学的联系

爱思赛思系统的人工智能应用，主要目的是为未来的咖啡馆创造一个可接受的控制质量稳定性的管理模型。

这些模型可以借鉴高等数学各个分支的思想和策略来推导，例如微积分、线性代数和概率论，就可以实现初步的论证和运用。

高等数学三个分支的基础理论

首先，需要引进回归分析模型。

在这张图里面，假设以时间为x轴，质量的稳定性（指数）值为y轴，所出品咖啡的品质稳定性值（蓝点），理论上围绕在红色的技术稳定性轨迹（理想目标曲线）附近。几乎所有的咖啡馆出品都存在这样的一个理论轨迹。找到代表这条红线的数学模型（函数），或者找到一个能尽可能帮助蓝点聚集在红线附近区域的解决方案，是所有咖啡馆和咖啡师都在有意无意地实践的，但仅凭传统的技术手段完全是不够的。

缶乐在思考，这条通道里面，也就是蓝点聚集在红线附近的区域内，能不能用一种技术手段的组合或者是一种"人、机、码"的合作，把所有的变量里面最可能常量化的因子，都尽可能常量化。这就是从"DIPS"产品研发程序出发对"爱思赛思系统"的思考。

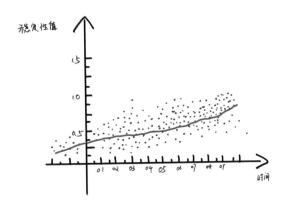

微积分解决品控极值与优化问题

极值是高等数学和初等数学的分水岭，也是微积分这座大厦的基石，是导数、微分、积分等概念的基础。导数与函数的极值，这个在系统学习中处于中心地位，大部分优化问题都是连续优化问题。

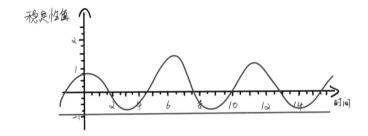

理论上，一般的咖啡馆的质量稳定性（指数）值，可以用泰勒公式的多项式函数表示，可用一张图示意这个过程。

一般连锁咖啡店的品控，会采用如使用全自动咖啡机、固化流程和原材料配比之类的技术手段，来保证这个区域的稳定，即出品稳定在蓝色曲线（实际稳定线）和红色函数曲线（最低保证线）之间的区域附近。

那么，针对有个性、有追求的咖啡馆，是否存在让泰勒公式曲线随着时间推移和技术提高而上翘的可能呢？甚至，有没有一种可能让这条曲线整体升高呢？

缶乐认为：有。

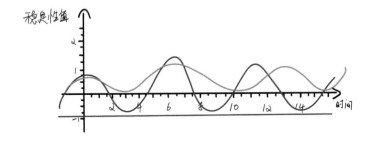

基于缶乐四年多的运营和员工培训的实践经验，这条曲线可以存在，即通过一定的技术手段，保证制作过程中常量的稳定把控，使出品稳定性整体升高到绿线位置。

拉格朗日中值定理的图也大致可描述这个可能性，中值定理反映了总体质量控制稳定性曲线（函数）在闭区间（这个区间指各种保障手段导致技术使用组合可能矩阵）上的整体的平均变化率（蓝线，稳定性函数）与区间内某点的局部变化率（偏离值，红色曲线）的关系。

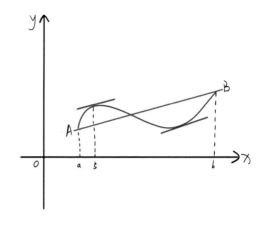

红色曲线上存在一个A点（常数），代表把曲线整体升高的可能，这个A点的常量就是前文所提及的"$x' \cdot y' + a = z'$"方案中被最大固化的变量中的可常量化的部分，从而约束变量的变动范围，使其区间最小和最少。

红色曲线的最大值和最小值理论上是达不到的，因为每一杯咖啡的制作不可能都在所有因子最优化的（理论值）前提条件下完成。

所以，爱思赛思系统的解决方案就是产生极值，从而无限地接近最大值（稳定性最高）的品控稳定性，并尽最大可能避免最小值（最不稳定）的情况发生。

爱思赛思系统控制一家咖啡馆的咖啡的出品稳定性，在以x轴为时间轴，y轴为质量的稳定性值轴的区间内，可以实现拉格朗日中值定理曲线的函数回归。

高等数学的微积分板块内容就是在数学分析领域，完成从具体到抽象，再从抽象到具体的逻辑循环过程。相对于数学的"用处"，这些回归的分析，以及曲线的推导，不过是一个副产品罢了。

咖啡数据矩阵及其运算

矩阵中众多数据的特征值与特征向量，在系统学习中被广泛使用，很多问题最后归结于求解矩阵的特征值和特征向量。

线性代数中矩阵的概念，可以说是目前应用很广泛的数学分支，数据结构、程序算法、自动控制、经济分析、管理科学等都需要用到线性代数的知识。

每一杯咖啡的制作都包含了一串串数据：现场温度、湿度；咖啡豆特性；咖啡粉的粗细度；咖啡粉的质量；压粉的压力；萃取水量和水温；萃取时间；浓缩液的状态……

这些数据组可以形成有用的矩阵吗？

这些数据组的变化值（变量）的关系，以及这么多数据的相关性是什么？

这些数据组能不能通过线性代数的一些算法加以利用？

这些数据的矩阵是咖啡数据库必需的吗？

……

在神经网络的研究中，人们早就引入了矩阵的概念。神经元概念通过执行一些类似于神经系统的计算结构，通过生成神经元之间的连接，形成一个神经网络，以匹配人类大脑的推理方式。

矩阵中的数字，都可以赋予特征值和特征向量的属性。这个特性，使得原来很多数据不仅可以被定性，还可以被定量，从而使之被各种算法用来作为计算和学习的元素。比如，色彩的数字化方案，使得某种"红色"可以被各种代码定义，数字音乐也是这个道理，或许将来在学习了各种咖啡因子的定义和关联后，改变咖啡的表现会成为轻而易举的事情，甚至味觉和嗅觉的数字化过程也可以有进展了。

因此，矩阵可以理解为针对一个需要完成理想目标的各种数据（或可能性方法）的所有可能组合的解决方案合集。

爱思赛思系统把咖啡制作过程中的每一步骤的输出值，都看成一个矩阵中的数值，这个数值和相邻数据的关系，就是技术路径的组合选择。人工智能算法对这些数据进行取值、合理评估，高速计算每种组合，形成不同的技术稳定性的评估值，然后选择最优的组合推荐，加上现场咖啡师的合理操作，就自然而然产生了一杯最接近质量稳定性标准的咖啡。

各种检测传感器的工作原理和数据特征不同，所有的数据的记录按照矩阵的天然属性分区记忆，使影像数据都可以得以保存，自然形成了记录数据像素板的数据库概念。不仅使得数据的完整性、连贯性得到保证，还使得数据的相互关联性、计算稳定性得到保证，从而使得爱思赛思系统实现对每一杯咖啡的质量稳定性的差值比较功能成为可能，并且做到完整、独立和准确。

爱思赛思系统凭借强大的记录、计算和交互能力，实现各种数据的保存、应用和评估。然而这个过程在传统的咖啡馆中仅仅是凭咖啡师的个人判断，且没有任何记录地在执行。

爱思赛思系统在建立数据库的过程中，并没有忽略人的作用，是"人工的智能"辅助人工智能参与工作，配合系统的自我学习功能，实现咖啡制作共性和个性统一，使系统的数据库成为一个可以日趋完美的自我学习、自我修正的动态数据库。

用概率论发现咖啡数据的隐藏规律

人工智能领域存在着大量的抽象问题。概率论提供了处理不确定性的工具。在咖啡制作中的大量数据，就像那些看似不相关的"离散型随机变量"，在传统的咖啡制作认知中，是孤立的数据，是无法明显相关的，即使有，也仅仅是经验而已，无法规范化（数字化）。

然而，随着人工智能科技的发展，以及对"概率论"的研究，如果能够把"离散型随机变量"转变成"连续型随机变量"的"频次"概念，那就可以从一些看似无规律的数据中发现它们的一些隐藏的规律。

爱思赛思系统就是利用了这个数学概念，凭借现代计算机强大的数据收集积累容量和模拟运算能力，实施"EM算法"，即最大希望算法。在统计计算中，EM算法是在概率模型中寻找参数最大似然估计或者最大后验估计的算法，其中概率模型依赖于无法观测的隐性变量。最大期望算法经常运用在机器学习领域。

EM算法由两个步骤交替进行计算：第一个步骤是计算期望（E步骤），利用对隐藏变量的现有估计值，计算其最大似然估计值；第二个步骤是最大化（M步骤），最大化在E步骤上求得的最大似然估计值来计算参数的值。这一个环节，就用到了微积分的方法。M步骤上找到的参数估计值被用于下一个E步骤计算中，这个过程不断交替进行。这种运算的强度和精度，没有人工智能的计算参与是不可想象的。

爱思赛思系统通过接收赋予特征值和特征向量的有效数据的积累，不断更新可使"离散型随机变量"转变成"连续型随机变量"的"频次"，持续收窄（E步骤）取值的范围，并主动学习分析制作咖啡过程中被接受数据发生的频次，从而获得高概率优化（M步骤）的操作提示，并且持续优化操作方案。

蒙特卡罗是一类随机方法的统称，是依靠足够多次数的随机模拟，来得到近似结果的算法，简单地说就是通过频率估计概率。

蒙特卡罗模拟是在计算机上模拟项目实施了成千上万次，每次输入都随机选择输入值。由于输入值很多时候本身就是一个估计区间，因此计算机模型会随机选取每个输入的该区间内的任意值，通过成千上万甚至百万次的模拟，最终得出一个累计概率分布图。这个就是蒙特卡罗模拟分析，它需要一个良好的随机数源。

爱思赛思系统完全可以持续地提供这样的随机数据组合，通过计算机系统的人工智能计算（算法）完成这个过程。

尽管，这种方法往往包含一些误差，但是随着随机抽取样本数量的增加，以及更合理的采样数据，结果也会越来越精确。

通过不断地积累数据和分析学习数据，系统形成所有记录数据针对咖啡制作稳定性函数分析的分布图，一般最后会是越趋于高斯分布的操作方案组合，

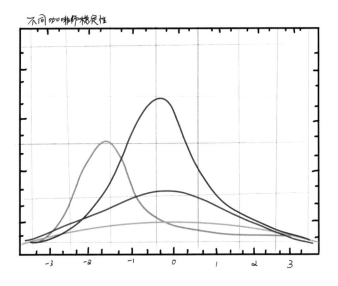

稳定性越高，即自然分布或正态分布的结论为最佳方案。如图中的蓝线向黄线的演变表示咖啡制作稳定性趋高，也就是稳定性函数越趋于水平线。所以，爱思赛思系统利用概率论来处理数据的方案，实现了以"离散随机变量"为基础的数据转为分析"连续型随机变量"，从而得到优化方案输出的可能，其实也是概率论中最基础的知识运用。

高等数学与咖啡制作技术稳定性的关系

蒙特卡罗模拟是对收敛曲线正确与否的一个检验方法，所有的（咖啡制作中各种）数据组合的因子（取决于采样的权重）经过最后评定符合高斯分布的话，即认为是（可以得到）高稳定性（咖啡出品）的最（极）优化参数（或技术）组合。所以，如果咖啡制作技术的稳定性评定函数的分布状态符合高斯（正态）分布的规律，应该可以证明其稳定性高。

需要说明的是，这里的高斯分布只是帮咖啡师找到了最多频次出现的咖啡制作高稳定性数据的分布状态（似然）曲线，是爱思赛思系统获得的咖啡制作稳定性函数的基准曲线。

那什么是爱思赛思系统的目标呢？

输出下一杯咖啡的经验预估值和这杯咖啡最终数据评估值之间的偏离值才是爱思赛思系统的最后目标数据。

如前所述，"爱思赛思系统"主要负责检测咖啡出品的技术稳定性，且输出这种技术稳定性的评定函数，力求所有受监控咖啡的出品的评定曲线落在相对收敛的一个更优"域"里，即用全部数据达到"控制方差，善用偏误"的目标。

"控制方差、善用偏误"的咖啡制作技术

方差是衡量随机变量或一组数据离散程度的度量，即用来衡量一批数据相对于标准区间的波动大小（即这批数据偏离平均数的大小）或偏离程度。在样本容量相同的情况下，方差越大，说明数据的波动越大、越不稳定。在许多实际问题中，研究方差即偏离程度有着重要意义。

偏误是某种算法的平均估计结果所能逼近设定目标程度的度量；高值的偏误意味着对目标更大的偏离。

靶心为某个能完美预测的模型，离靶心越远，则准确率随之降低。靶上的点代表某次对某个数据集上学习某个模型。纵向上，有高低的偏误——高的偏误表示离目标较远，低偏误表示离靶心较近；横向上，有高低的方差——越高的方差表示多次的"操作数据"越分散，反之越集中。

所以偏误表示一个实际值或一组实际值的均值与预测值的差值；而方差表示一组实际值（随机变量）与预测值的离散程度。

然而，对爱思赛思系统来说，一个高的方差意味着一个弱的稳定性，数据比较分散，是需要纠正的；但一个高的偏误并不完全意味着一个坏的操作。因

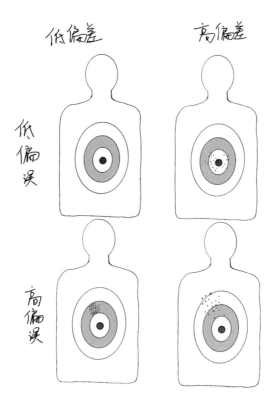

低偏差　高偏差

低偏误

高偏误

为，爱思赛思系统检测的是质量控制的稳定性指标。

把爱思赛思系统的所有数学基础概念都讲清楚后，高等数学的这三大分支如何协同工作才是爱思赛思的关键运行过程：

第一步，经长时间数据的定义、采集、归类、分析和学习，建立所有记录特征值和特征向量的数据行、列关系的线性代数矩阵系统数据库。

第二步，利用微积分的相关计算，找到能够产生质量控制稳定性最高（最大值）的矩阵数据组合（操作可能性）和不能产生质量控制稳定性最低（最小值）的矩阵数据组合作为参照目标，并设定质量稳定性（指标）值的目标区域。

第三步，通过建立在海量特征值和特征向量基础上的人工智能算法运行，找到最多频次咖啡出品的数据高概率组合完成蒙特卡罗模拟，并得到相关高斯分布曲线。

第四步，根据线上和线下咖啡师互动完成一杯咖啡的实时记录评估，比对稳定性目标值的区间，给出偏离程度（差值）判定。

第五步，最新数据即时汇入数据库，参与下一次标准的校准。

第六步，开始从第四部起的新循环。

总而言之，爱思赛思系统就是对咖啡制作过程中相关函数的发掘。在函数的基础之上，研究变量和变量之间、变量和常量之间的关系。而微积分、线性代数、概率论的这些基础理论，都可以看作是从不同的角度将函数的研究深化。

未来也有可能"定位"咖啡爱好者的咖啡爱好密码。

毕竟，伽利略说过，数学是上帝书写宇宙的语言。

后 记

在这本书里面没有提及咖啡豆，其实缶乐创始人也觉得从前可能是对云南的豆子有一点"成见"。但是，现在想一想，因为书也写好了，这一块好像还是有需要"补课"的东西。

缶乐认为用云南的咖啡豆来做那些意式的咖啡或者美式咖啡，不一定合适，就像马来西亚的白咖啡一样。中国人说因材施教，不同的食材应采用不同的处理的方法，所以这一刻，在我们撰写的书出版之前，我们认为需要补齐这方面的认知，寻找更多值得发掘的可能性。

趁这段时间比较空，缶乐决定开启这本书的后续的工作，开始寻找适合云南咖啡做法的旅程，接下来还要去海南岛的咖啡产地。

在云南的时候，我们把"萃茶"的工艺和当地的茶农做了一些交流，并对寻找中国茶商业化的新方向做了缶乐自己的探索，接下来还要去普洱茶的产地普洱，黑茶的产地六堡、安化，白茶的产地福鼎……

在旅途中，缶乐创始人还希望找到自己心中最好喝的那杯滇红茶——中国红。这个茶叶是缶乐创始人喝过的最好喝的红茶。能够找到的话，就也不虚此行了。

2022.10.20